GERARD GIRAUDIN

l'oiseau-lyre

poésie

I

HACHETTE
79 Bd Saint Germain 75006 Paris

Bonnard, *Le Cannet,* Coll. particulière - Photo Hubert Josse - © ADAGP - SPADEM.

ISBN 2.01.007283.9

Les mots, le plus souvent, s'assemblent sagement, en bon ordre. Tu diras par exemple : « J'ai vu un gros rat ; il a couru se cacher dans son trou. », ou bien : « J'ai vu une anguille nager dans la rivière. » ou encore : « Au printemps, j'ai vu une vache brouter l'herbe. »

Chaque fois, les mots se sont disposés comme à leur habitude, à la place où l'on s'attendait à les rencontrer. Et les phrases qui se forment ainsi, nous les disons ou les lisons sans bien faire attention. Elles ne sont bonnes qu'à dire ce qu'on a vu ou ce qu'on désire, si l'on a froid ou faim ou sommeil, si l'on est gai, triste ou mécontent.

Sans doute, elles sont utiles puisqu'elles nous renseignent, nous avertissent et qu'elles informent les autres. Mais on dirait qu'elles disparaissent à mesure, sans laisser de traces, après nous avoir dit tout ce qu'elles avaient à nous dire. Ce sont des phrases pour tous les jours, quand on n'est ni gai ni triste, qu'on se sent les pieds sur la terre et qu'on ne rêve pas, qu'on ne joue pas.

Et ces phrases aussi ont les pieds sur terre et on voit tout de suite qu'elles ne savent ni danser ni voleter. On n'a pas envie de les chantonner, même pas de les retenir — sauf s'il s'agit d'une recommandation qui vous est faite.

Elles ne sont ni belles ni laides. Elles ne font penser à aucune couleur, à croire qu'elles sont toutes grises. Quand on les dit ou les entend, on ne leur trouve aucune saveur particulière. Ou alors, peut-être, celle d'une eau qui ne serait pas même fraîche.

Si on les plaçait les unes sous les autres de façon qu'elles se terminent par le même son, si on les faisait rimer, comme on dit, elles demeureraient aussi proches de la terre, aussi peu capables de danser. Beaucoup d'écrivains ont cru qu'il suffisait de faire rimer les phrases pour que celles-ci cessent d'être des phrases ordinaires, mais ils se sont trompés. Et les enfants qui écrivent des poèmes le croient aussi, parfois... (Eux, du moins, sont excusables !)

Maintenant, si je dis : J'ai vu un gros rat
Qui fendait du bois
Avec son nez carré;
J'ai vu une anguille
Qui coiffait sa fille
Pour aller danser;
J'ai vu une vache
Qui patinait sur la glace
En plein cœur d'été...

tu sens bien que ce ne sont plus là des phrases de tous les jours, et que la plupart des mots qui les composent n'avaient jamais été mis ensemble. Tu imagines : une anguille coiffant sa fille pour aller danser ! Ou encore une vache qui patine sur la glace en plein été ! On se dit, bien sûr, que cela ne peut pas arriver ; quant aux personnes raisonnables, elles affirmeront tout de suite que cela n'a pas de sens, tout simplement.

Il n'empêche que quand je dis : J'ai vu une anguille / Qui coiffait sa fille / Pour aller danser, *les mots qui jusqu'ici n'avaient jamais été assemblés dans cet ordre, les mots ont l'air ravi de la place qu'ils occupent. Et c'est comme si chacun d'eux s'était fait de nouveaux amis, bien plus intéressants ou amusants que dans la phrase : « J'ai vu une anguille nager dans la rivière. »*

Je crois que les mots, comme toi, aiment jouer. Alors, ils s'ennuient un peu quand on les fait seulement servir à quelque chose d'utile. Comme les écoliers assis en rangs se retrouvent, dans la cour, autrement qu'ils n'étaient placés, les mots, si on leur donne récréation, se réunissent selon leur goût, leur fantaisie. Mais pas n'importe comment, non. Quelquefois, c'est seulement pour faire de la musique, pour danser ou caracoler : Am stram gram / Pic et pic et colégram / Bour et bour et ratatam / Am stram gram / Pic! *ou bien ceci, qu'un poète*[1] *a trouvé :* Rage, mage, déménage, / Du fromage où tu nages...

Le plus souvent, c'est par ressemblance ou différence que les mots s'unissent. Il arrive que deux mots, que l'on croirait très éloignés l'un de l'autre, possèdent pourtant quelque chose en commun. Et personne ne s'en rend compte jusqu'au jour où un poète, lui, s'en aperçoit. Il les met l'un à côté de l'autre et voilà les mots tout heureux qu'on les ait rapprochés et tout le monde ou presque s'exclame alors : « Comme ils vont bien ensemble ! Quel mariage réussi ! Ils étaient vraiment faits l'un pour l'autre ! » A moins... à moins que les mots ne préfèrent se réunir selon leurs différences. Et plus celles-ci sont grandes et le rapprochement inattendu, plus cela donne quelque chose de bizarre, d'amusant, de troublant.

1. Max Jacob

Des mots comme fille, danser, coiffer et même anguille ont beaucoup servi, au point qu'ils nous semblent un peu fatigués, usés. Comme tous les autres mots, ils aimeraient bien jouer un peu. Mais on ne le leur permet pas, dans la vie de tous les jours. On leur dit : « Renseignez-nous, c'est tout ce qu'on vous demande ! » Heureusement, il y a les poètes. Eux, ne demandent pas du tout aux mots de les renseigner. Ils n'ont qu'un souci : leur permettre de jouer, leur ménager sans cesse de nouvelles rencontres. Et c'est alors comme si les mots retrouvaient leur fraîcheur, comme s'ils retournaient en leur lointaine enfance ; si bien qu'ils paraissent n'avoir encore jamais servi.

Alors, nous qui les regardons ainsi assemblés avec audace, qui les regardons comme si nous ne les avions jamais vus, cela nous remplit de surprise sans doute, mais cela nous fait rêver aussi. Une anguille qui coiffe sa fille pour aller danser? Pourquoi pas, après tout? On m'a entrouvert une porte jusqu'ici fermée et il me semble que j'aperçois le tableau — qui est si joli qu'il me donne envie de le peindre.

*Que de choses étonnantes, merveilleuses, ne voyons-nous pas, par ces portes qui s'entrebâillent! Par exemple, qu'*un ruisseau remonte à sa source, *ou que* la terre est bleue comme une orange *ou encore que* l'eau est le regard de la terre... *C'est un peu comme si nous surprenions des secrets entre les choses, des secrets jusqu'ici bien gardés.*

Et puis, dans le cas présent, il y a la musique, le rythme, qui donnent à notre corps comme une sorte de balancement en cadence, et voilà qui ajoute à notre contentement. Quand nous disions ou entendions : « J'ai vu une anguille nager dans la rivière », rien ne bougeait en nous. D'entendre : J'ai vu une anguille / Qui coiffait sa fille / Pour aller danser *nous rend plus légers, plus vifs ; cela nous remplit d'aise. Nous voilà invités à la fête que se donnent les mots. Le bonheur qu'ils ont à être pour la première fois ensemble, ils nous le font partager. Tu vois donc comme c'est important, comme c'est sérieux, la poésie.*

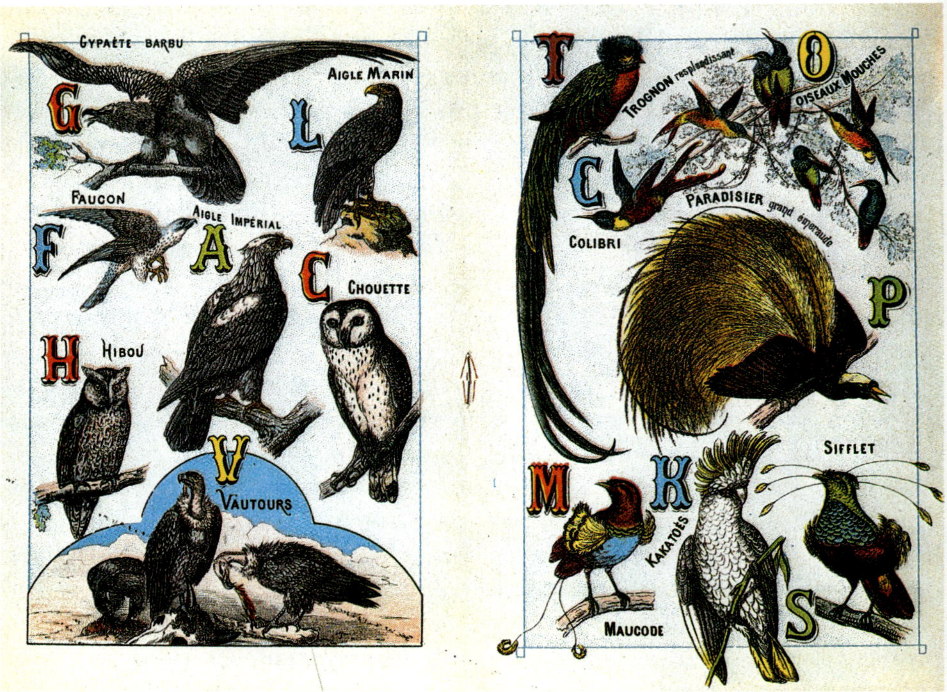

Alphabet des comptines

A B C

A - C'est l'agnelle.
B - Le bateau.
C - Le corbeau.
D - La dentelle.

A B - C'est l'agnelle
Douce qui bêle.
C D - Le corbeau
Qui descend dans l'eau.

Bon, bon, assez!
Je vois, benêt,
Que tu connais
Ton A B C.

Maurice Carême

Les animaux

Sur la place du marché
Un baptême est affiché.
— Qui c'est la marraine ?
— C'est une hirondelle.
— Qui c'est le parrain ?
— C'est un gros lapin.
— Qui c'est la nourrice ?
— C'est une écrevisse.
— Et qui c'est l'enfant ?
— C'est un éléphant.

Folklore

Cet animal est très méchant
Quand on l'attaque il se défend
Il ronge le fer et l'acier
C'est pourquoi on l'a mis dans une cage en osier.

Folklore

Le chat

Alleluia !
Martin s'en va
Dans son grenier
Chercher des rats ;
C'est pas pour lui,
C'est pour son chat,
Alleluia !

Folklore

Un petit chat blanc
Porte à sa maman
Un petit panier
Tout rempli de thé
Sentez la rose
Sentez l'œillet
Tout frais.

Folklore

A la queue leu leu,
Mon petit chat bleu,
S'il est bleu,
Tant mieux;
S'il est gris,
Tant pis.

Folklore

Un petit chat gris
Qui faisait pipi
Sur un tapis gris.
Sa maman lui dit :
Ce n'est pas poli
De lever la queue
Devant ces messieurs.

Folklore

Tire, tire, lorgne!
Le chat était borgne.

Il a dit à l'écureuil :
— Tu te moques de mon œil!

Monte sur ta branche.
Tu mourras dimanche.

Sans fourchette ni chaudron,
Mes petits te mangeront!

Tristan Derème

Le chien

Jamais on n'a vu,
Jamais on n'verra,
Un petit chien
Porter des lunettes;
Jamais on n'a vu,
Jamais on n'verra,
Le nez d'une souris
Dans l'oreille d'un chat.

Folklore

Le cochon

Sur la route de Châtillon
Je rencontre un petit cochon.
Je le mets dans mon mouchoir,
Il me dit qu'il fait trop noir.
Je le mets dans mon chapeau,
Il me dit qu'il a trop chaud.

Folklore

Le crapaud

Crapaud, s'il te plaît, va au marché!
J'ai mal au pied.
Crapaud, s'il te plaît, écosse les pois!
J'ai mal au bras.
Crapaud s'il te plaît, lave les assiettes!
J'ai mal à la tête.
Crapaud, s'il te plaît, allume le feu!
J'ai mal aux yeux.
Crapaud s'il te plaît, surveille le fourneau!
J'ai mal au dos.
Crapaud, s'il te plaît, coupe le pain!
J'ai mal à la main.
Crapaud, dresse la table pour le dîner!
J'ai mal au nez.
Viens manger, Crapaud, la soupe est servie!
J'essaierai, pour vous faire plaisir, mon amie.

Folklore

Les enfants

Quand serons-nous sages?
Jamais, jamais, jamais!
Quand serons-nous diables?
Toujours, toujours, toujours!
La terre nourrit tout,
Les fous avec les folles;
La terre nourrit tout,
Les folles avec les fous.

Folklore

L'escargot

Pin pon d'or.
Le soleil brille
Et moi je dors
Dans ma coquille:
Pin pon gris.

Pin pon gris.
A petit bruit
Tombe la pluie
Et moi je sors :
Pin pon d'or.

PIERRE MENANTEAU

La famille

Mon papa est cordonnier,
Ma maman est demoiselle,
Ma grande sœur fait d'la dentelle,
Mon p'tit frère tire la ficelle,
Monte au ciel!

Folklore

Une jeune fille de quatre-vingt-dix ans
En mangeant de la crème
S'est cassé une dent.
Ah! lui dit sa maman,
C'est pas étonnant.

Folklore

« Allons au lit »,
Dit l'Endormi;
« Attends un brin »,
Dit le Lambin;
« D'abord, soupons »,
Dit le Glouton.

Folklore anglais

Les fruits

Bonne fruitière, bonne rentière,
Ma mère en mourant
M'a laissé cinq francs.
C'est à la halle
C'est à Paris
Que je vends mes fruits
Que je m'installe.
Pomme de rainette et pomme d'api,
D'api d'api rouge!
Pomme de rainette et pomme d'api,
D'api d'api gris!

Folklore

GRAND AMOUR

Pomme de terre et pomme d'api,
Vous avez pour moi des charmes...
Pomme de terre et pomme d'api,
Je vous ai couchées dans mon lit.

Nous y passerons,
Nous y passerons,
Nous y passerons la nuit.
Nous y passerons,
Nous y passerons,
Nous y passerons la nuit.

LUC DECAUNES

Pomme et poire
Dans l'armoire

Fraise et noix
Dans le bois

Sucre et pain
Dans ma main

Plume et colle
Dans l'école

Et le faiseur de bêtises
Bien au chaud dans ma chemise.

LUC BÉRIMONT

Pomme, poire, abricot,
Y en a une, y en a une,
Pomme, poire, abricot,
Y en a une de trop.
Dans la cuillère à pot,
Une, c'est pour toi les prunes,
Deux, c'est pour toi les œufs,
Trois, c'est pour toi les oies,
Quatre, c'est pour toi la claque.

Folklore

Une pomme verte
Une pomme rouge
Une pomme d'or
C'est toi qui es dehors.

Folklore

J'ai été voler des poires
Dans le jardin de Monsieur Grégoire.
Il m'a battu,
Je n'irai plus.
Quand il sera mort,
J'irai encore.

Folklore

Le hanneton

Hanneton, vole, vole, vole,
Ton mari est à l'école;
Il m'a dit que si tu volais,
Tu aurais de la soupe au lait;
Et que si tu ne volais pas,
Tu aurais la tête en bas,
Hanneton, vole, vole, vole,
Hanneton, vole, vole donc!

Folklore

La girafe

Je voudrais une girafe
aussi haute que la maison,
avec deux petites cornes
et des sabots bien cirés.
Je voudrais une girafe
pour entrer sans escalier
par la lucarne du grenier.

MADELEINE LEY

Le lapin

En allant chercher mon pain
Je rencontre trois lapins,
Je les mets dans mon panier,
Ils me boivent tout mon lait;
Je les mets dans mon placard,
Ils me mangent tout mon lard;
Je les mets au coin du feu,
Ils me font trois petits œufs,
Bleu, blanc, rouge.

Folklore

Mon petit lapin

Mon petit lapin
N'a plus de chagrin.
Depuis le matin,
Il fait de grands sauts
Au fond du jardin.

Mon petit lapin
N'a plus de chagrin.
Il parle aux oiseaux
Et il rit tout haut
Dans l'ache et le thym.

Mon petit lapin
N'a plus de chagrin.
Le voisin d'en face
A vendu ses chiens,
Ses trois chiens de chasse.

Maurice Carême

Deux petits lapins

Deux petits lapins,
Quatre pommes de pin
Ont déjeuné à Moscou,
Ont soupé à Tombouctou,
Sont rentrés coucher chez nous.

Guy-Charles Cros

Le loup

Un loup passant par un désert,
Tout habillé de gris, de vert,
Tenant sa femme par le bras
En lui disant : Tu ne passeras pas!
Ni pour un ni pour deux ni pour trois
Ni pour quatre ni pour cinq ni pour six
Ni pour sept ni pour huit ni pour neuf
Ni pour la peau d'un bœuf.

Folklore

La lune

Lune, lune je te vois!
C'est madame Croquebois
Qui baptise ses enfants,
Les petits comme les grands.
La petite Élise
Qui veut qu'on la frise;
Son petit papa
Ne le veut pas.
Il veut qu'on la mène
Là-haut dans la plaine
Pour cueillir des fleurs
De toutes les couleurs.

Folklore

Hardi, hardi le mulet.
Nous irons à Pampelune.
— Et qu'en rapporterons-nous?
Le soleil dans un filet
Et dans un panier la lune!

A qui les donnerons-nous?
A toi, et houp et houp et you!

Folklore

Au clair de la lune,
sur un tabouret,
je mangeais des prunes
avec du pain frais;
une demoiselle
vient m'en demander;
je lui dis :
— Ma belle,
va te promener.

Folklore

La lune,
Du pain, des prunes,
Du raisiné
Pour mon souper;
Des galettes sèches
Pour les fillettes;
Des coups de bâton
Pour les garçons.

Folklore

Une lune brune,
Deux sous de cheveux,
Trois méchantes prunes,
Dis ce que tu veux
Voir à Pampelune :
Une vache en or,
Deux tours en argent,
Trois toréadors?
Hé! tu es dedans;
Moi, je suis dehors.

Maurice Carême

J'ai vu dans la lune
Trois petits lapins
Qui mangeaient des prunes
Comme des p'tits coquins
La pipe à la bouche, le verre à la main
En disant : « Mesdames,
Versez-nous du vin,
Tout plein. »

Folklore

Les nombres

Un deux trois j'entends sonner
Les clairons et les trompettes
Un deux trois j'entends marcher
Une armée de pâquerettes.

Un deux trois j'entends chanter
Tous les oiseaux de la plaine
Un deux trois j'entends pleurer
L'eau de toutes les fontaines.

JEAN ROUSSELOT

Un, deux, trois, quatre, cinq,
J'avais pris un ornithorynque,
Six, sept, huit, neuf, et dire
Que je l'ai laissé repartir!

Pourquoi l'avoir laissé r'partir?
Parce qu'il m'a mordu le doigt.
Quel doigt vous a-t-il donc mordu?
Le petit doigt du côté droit.

Folklore anglais

COMPTINE

Trois fois quatre font huit
Et la lune est carrée.
Mon canard prend la fuite
Quand on veut le marier.

Tartine au charbon
Pour le professeur
Deux coups de bâton
Pour ma petit' sœur
Les méchants garçons
Ont parfois bon cœur.

NORGE

COMPTINE CURIEUSEMENT CACOPHONIQUE

Un Urubu hululant à Uzerche,
Deux dragons dévorant des dragées,
Trois tortues traînant un traîneau,
Quatre quilles quittant Quimper,
Cinq cigognes cueillant des coquelicots,
Six serpents sirotant des sodas,
Sept saltimbanques sur un sampan,
Huit hiboux en habit heurtant un hippopotame,
Neuf noisettes nichées dans un nid noir,
Dix doigts disant d'arrêter ce discours décousu.

Paris

Belle dame de Paris,
Prêtez-moi vos souliers gris
Pour aller au paradis.
Le paradis est si joli!
On y voit des petits oiseaux,
On y voit des petites bougies
Pour éclairer tout le monde.

Folklore

A Marseille
On fait des bouteilles,
A Paris
On les remplit,
A Versailles
On les empaille,
A Toulon
On fait les bouchons.

Folklore

Une vieille bavarde
Un postillon gris
Un âne qui regarde
La corde d'un puits
Des roses et des lys
Dans un pot d' moutarde
Voilà le chemin
Qui mène à Paris.

LAMARTINE

La perdrix

Do ré mi — la perdrix;
Mi fa sol — elle s'envole;
Fa mi ré — dans un pré;
Mi ré do — tombe dans l'eau.

Folklore

Les poissons

Les petits poissons dans l'eau
Nagent, nagent, nagent, nagent;
Les petits poissons dans l'eau
Nagent, nagent comme il faut;
Les petits poissons dans l'eau
Nagent aussi bien que les gros.

Folklore

La poule

C'est la poule grise
Qui pond dans l'église;
C'est la poule noire
Qui pond dans l'armoire;
C'est la poule brune
Qui pond dans la lune;
C'est la poule blanche
Qui pond sur la planche.

Folklore

La poule noire
Dans le potager
A crié
Comme une enragée;
Les fermiers
Sont allés la voir.
Elle a dit qu'il allait pleuvoir :
On ne l'a pas crue, lanturlu
Et mon beau chapeau est perdu!

LISE DEHARME

La pomme

Un petit bonhomme
Assis sur une pomme.
La pomme dégringole,
Le petit bonhomme s'envole
Sur le toit de l'école.
Do ré mi fa sol
Toutes les femmes sont folles
Excepté ma bonne
Qui fait cuire des pommes
Dans une vieille casserole
Pleine de pétrole.

Folklore

UN, DEUX, J'AI PONDU

Un, deux
J'ai pondu deux œufs
Dit la poule bleue.
Un, deux, trois
J'en ai pondu trois
Répond l'oie.
Cinq, six, sept
J'en ai pondu sept
Répond la poulette.
Huit et neuf
Qu'il est beau mon œuf!

CLAUDE ROY

Une poule sur un mur
Qui picote du pain dur
Picoti et picota
Lève la queue et puis s'en va.

Folklore

UNE POULE SUR UN MUR

Une poule sur un mur
A pondu quatorze œufs frais.
Mais pendant qu'elle pondait,
Le soleil d'août les cuisait.

Une poule sur un mur
A couvé quatorze œufs durs.
Il en sortit des poulets
Aussi durs que des galets.

C'est depuis lors que l'on voit,
Folle encor de désarroi,
Une poule sur un mur
Qui picote du pain dur,

C'est depuis lors que l'on voit
— Picoti et picota —
Une poule qui cent fois
Grimpe au mur et saute en bas.

MAURICE CARÊME

J'ai acheté du pain dur
Pour le mettre sur un mur
Par la barbe Farigoule
Il n'est pas venu de poule
J'en étais bien sûr, maman,
J'en étais bien sûr.

BORIS VIAN

La puce

Il était une puce
Sur un tabouret :
Le pou qui la regarde
Lui donne un soufflet;
La puce en colère
De cette trahison
De sa patte de derrière
Lui arrache le menton.

Folklore

La semaine

Bonjour lundi,
Comment va mardi?
— Très bien, mercredi,
Va dire à jeudi
De la part de vendredi
Qu'il s'apprête samedi
Pour aller à la messe dimanche.

Folklore

POUR L'ENFANÇON

Jean-Jean notre bon marchand
ne vend que des ânes blancs.

En a vendu un, lundi,
pour un pied de céleri.

En a vendu deux mardi
pour deux bottes de radis.

Et puis trois le mercredi
pour trois petits canaris.

Et puis quatre le jeudi
pour quatre grosses souris.

Et puis cinq le vendredi
pour cinq puces dans son lit.

Et puis six le samedi
pour sa place au Paradis.

Dimanche n'a rien vendu
Il les avait tous perdus.

LOUISA PAULIN

La souris

J'ai croisé dimanche
Tout près de Saint-Leu
Une souris blanche
Portant un sac bleu
Elle n'a pas dit
Bonjour ni merci
Les souris ici ne sont
pas polies.

J'ai croisé lundi
Une souris bleue
Qu'allait à Paris
Pour voir s'il y pleut
Mais j'ai fait celui
Qui ne la voit pas
La souris s'est dit
Les hommes d'ici
Ne sont vraiment pas
Vraiment pas polis.

Bonjour, madame,
Quelle heure est-il ?
Il est midi.
Qu'est-ce qui l'a dit ?
La petite souris.
Où donc est-elle ?
Dans la chapelle.
Qu'est-ce qu'elle y fait ?
De la dentelle.
Pour qui ?
Pour les dames de Paris
Qui portent des petits souliers gris.
Pimpon d'or,
La plus bell', la plus belle,
Pimpon d'or,
La plus belle est en dehors.

Folklore

LES FOUS

Et ton phoque?
Et ton coq?
Et ton sac?
Et ton lac?
Et ton pic?
Et ton tic?
Et ton bœuf?
Et ton œuf?
Ils vont bien
Ce matin
Merci pour eux
Pour nous
On s'amuse
Comme des fous!

Topor

On se noie
Benoît?

On se gare
Edgar?

On sourit
Henri?

On s'étonne
Antoine?

Si les mots ne riment plus
C'est que vous avez trop bu.

Luc Bérimont

Il va pleuvoir
Les marronniers sont noirs.

S'il tombe de l'eau, bernique
Je pars pour la Martinique.

S'il tombe du vin, c'est bien
J'en remplis un cruchon plein.

S'il arrive de la grêle
C'est tant pis pour nos ombrelles.

Mais s'il tombe de la neige
S'il en tombe, alors que fais-je?...

Luc Bérimont

L'OURS MARTIN ET LE DIABLE

« Diable! Diable! »
avait dit Martin
en se mettant à table
un beau matin.

Il avait dit ça
sans faire attention
machinalement.

Le Diable apparut
voulut le mordre
faillit le manju
le manju tout cru.
Martin éperdu
s'encourut, s'en fut.

Il prend garde depuis
à ce qu'il dit.

CLAUDE ROY

LA CHANSON DU RÉMOULEUR

Donnez-moi je vous prie
vos ciseaux
vos couteaux
vos sabots
vos bateaux
Donnez-moi tout je vous prie,
je rémoule et je scie.

Donnez-moi je vous prie
vos cisailles
vos tenailles
vos ferrailles
vos canailles
Donnez-moi tout je vous prie,
je rémoule et je scie.

Donnez-moi je vous prie
vos fusils
vos habits
vos tapis
vos ennuis
je rémoule et je fuis.

PHILIPPE SOUPAULT

POUR LES ENFANTS
ET POUR LES RAFFINÉS

A Paris
Sur un cheval gris
A Nevers
Sur un cheval vert
A Issoire
Sur un cheval noir
Ah! qu'il est beau! qu'il est beau!
Tiou!

C'est la cloche qui sonne
Pour ma fille Yvonne.
Qui est mort à Perpignan?
C'est la femm' du commandant.
Qui est mort à La Rochelle?
C'est la nièce du colonel!
Qui est mort à Épinal?
C'est la femme du caporal!
Tiou!

Et *à Paris*, papa chéri,
Fais *à Paris!* qu'est-ce que tu me donnes à Paris?

Je te donne pour ta fête
Un chapeau noisette
Un petit sac en satin
Pour le tenir à la main.
Un parasol en soie blanche
Avec des glands sur la manche
Un habit doré sur tranche
Des souliers couleur orange.
Ne les mets que le dimanche.
Un collier, des bijoux
Tiou!

C'est la cloche qui sonne
Pour ma fille Yvonne!
C'est la cloche de Paris
Il est temps d'aller au lit.
C'est la cloche de Nogent
Papa va en faire autant.
C'est la cloche de Givet
Il est l'heure d'aller se coucher.

Ah! non! pas encore! dis!
Achète-moi aussi une voiture en fer
Qui lève la poussière
Par devant et par derrière,
Attention à vous! mesdames les gardes-barrières
Voilà Yvonne et son p'tit père
Tiou!

MAX JACOB

Rondes, chansons et danses

RONDE

Dans cette ronde,
Entrez la blonde;

Entrez la brune
Avec la lune;

Vous, la pluie douce
Avec la rousse;

Vous, la châtaine
Avec la plaine;

Vous la plus belle,
Avec le ciel.

J'y entre, moi,
Avec la joie.

MAURICE CARÊME

AIR DE RONDE

On dansa la ronde,
Mais le roi pleura.
Il pleurait sur une
Qui n'était pas là.

On chanta la messe,
Mais le roi pleura.
Il pleurait pour une
Qui n'était pas là.

Au clair de la lune,
Le roi se tua,
Se tua pour une
Qui n'était pas là.

Oui, sous les fougères
J'ai vu tout cela,
Avec ma bergère
Qui n'était pas là.

Maurice Fombeure

RONDE

Mets ta main ronde dans ma main,
Dans ma main ta main rose et ronde :

Dansons la ronde.

J'ai couronné de roses rondes
Mes longs cheveux d'or souple et fin.

Mets ta main rose dans ma main.

La lune dans la nuit profonde,
Et le soleil dans le matin,

Mes bras nus et mes boucles blondes,
Mon baiser et mon cœur enfin,

Les plus belles choses du monde
Sont des choses rondes :

Dansons la ronde.

Ch. Van Lerberghe

RONDE BRETONNE

La plus belle fille qu'il y ait au monde,
Fleur de lilas comme fleur de rose,
La voici à mon côté droit.
Fleur de rose comme fleur de lilas.

Mademoiselle, entrez en danse (*ou* monsieur),
Fleur de lilas comme fleur de rose,
Et embrassez qui vous plaira,
Fleur de rose comme fleur de lilas

Folklore

TOUT N'EST QUE RONDE

Les astres sont ronde
de garçons qui jouent
à voir sur la terre.
Les blés sont des tailles
de petites filles
qui jouent à ployer.

Les fleuves sont ronde
de garçons qui jouent
à se retrouver
dans la mer. Les vagues
sont ronde de filles
qui jouent à serrer
dans leurs bras la Terre.

GABRIELA MISTRAL

CHANSON DU LOUP ET DE LA BERGÈRE

« Ta chèvre est dans le trèfle, Maria,
Ta chèvre est dans le trèfle
Dans le trèfle du roi, Maria,
Dans le trèfle du roi. »

« Va la chercher, ma chèvre,
Mon bon chien de berger.
Tu auras du pain d'orge
Et des os à ronger. »

Quand il fut à la chèvre
Les loups l'avaient mangée.
Ma bergère, bergeronnette,
Ma bergère en a pleuré.

Ma bergère, bergeronnette,
Ma bergère en a pleuré.

MAURICE FOMBEURE

UNE CHANSON

Une chanson
Tomberait d'une étoile
Une chanson
Monterait d'un buisson

Une chanson
De la marine à voiles
Une chanson
De la fille au garçon

Une chanson
Des tisseuses de toile
Une chanson
D'alouette ou de pinson

Pour nous guider.

MAURICE FOMBEURE

CHANSON

J'ai perdu ma poulette
et j'ai perdu mon chat
Je cours à la poudrette
Si Dieu me les rendra.

Passant devant la salle
toute la ville était là
à voir danser ma poule
avec mon petit chat.

Tous les oiseaux champêtres
sur les murs et les toits
jouaient de la trompette
pour le banquet du roi.

MAX JACOB

CHANSON

Vivre, c'est un peu
comme quand on danse :
on a plaisir à commencer —
un piston, une clarinette —
on a plaisir à s'arrêter —
et le trombone est essoufflé —
on a regret d'avoir fini,
la tête tourne et il fait nuit.

CHARLES-FERDINAND RAMUZ

LA DANCHE DES AUVERGNATS

A la chouriquette, à la chouriqua, à la choux-fleurette,
à la choux-fleura, ch'est la danche des Auvergnats.

A la chouriquette, à la chouriqua, à la bobêchette,
à la bobêcha, à la chemijette, à la chemija,
ch'est la danche des Auvergnats.

A la rabâchette, à la rabâcha, à la chouchounette,
à la chouchouna, à la coqu'luchette, à la coqu'lucha,
à la galochette, à la galocha, à la pourlèchette,
à la pourlècha, ch'est la danche des Auvergnats.

A la perruchette, à la perrucha, à la moustachette,
à la moustacha...

... A la charbonnette, à la charbonna, à la chauchichette,
à la chauchicha, ch'est la danche des Jauvergnats.

Fouchtra!

A la chaint-Flourette... Ouf! que j'échuie mon front
plein de chueurs.

PAUL FORT

LE BEAU CORDONNIER

— Jolie demoiselle,
Où donc allez-vous ?
— Danser aux chandelles
A la foire aux loups.
— Vous allez user
Vos petits souliers.
— N'êtes-vous pas là
Pour les réparer ?
— Belle que voilà,
Qui me payera ?
— Moi, beau cordonnier,
Avec mes deniers.
— Vous pourriez payer
Avec un baiser.
— Soit, beau cordonnier,
Mais alors, venez !
— Jolie demoiselle,
Où donc irons-nous ?
— Danser aux chandelles
A la foire aux loups.

MAURICE CARÊME

Si le roi m'avait donné
Paris, sa grand' ville
Et qu'il me fallût quitter
L'amour de ma mie
Je dirais au roi Henri
Reprenez votre Paris
J'aime mieux ma mie
Oh gué !
J'aime mieux ma mie.

Folklore

LA RONDE

Si toutes les filles du monde voulaient s' donner la main,
tout autour de la mer elles pourraient faire une ronde.
Si tous les gars du monde voulaient bien êtr' marins,
ils f'raient avec leurs barques un joli pont sur l'onde.
Alors on pourrait faire une ronde autour du monde,
si tous les gens du monde voulaient s'donner la main.

PAUL FORT

Dansez, les belles filles,
Dansez, les beaux garçons!
Dieu fait les plus gentilles
Pour les plus polissons.
Dansez les belles filles,
Dansez, les beaux garçons!

Victor Hugo

LES QUATRE CARRÉS

Dans le jardin de ma tante il y a quatre carrés :
Dans le premier il y a une rose.
— Je t'embrasserais bien, mais je n'ose.

Dans le second il y a un melon.
— Les filles n'embrassent pas les garçons.

Dans le troisième il y a du mil.
— Les garçons n'embrassent pas les filles.

Dans le quatrième il y a une fraise.
— Embrassons-nous tout à notre aise.

Claude Roy

Garçons et filles

LA DÎNETTE

Patience, patience, poupées!
Je ne puis servir à la fois
Des gâteaux et du chocolat.
Comme vous, je n'ai que dix doigts.
Vous ai-je si mal élevées
Que vous ne puissiez demeurer
Plus calmes que de petits rats?
Patience, patience, poupées!
On dirait que voici des mois
Que vous n'avez plus rien mangé.
Hier, n'ai-je pas partagé
Mon gros nougat avec vous trois?
Heureusement que notre chat
Dédaigne cake et chocolat :
Vous lui videriez son écuelle
Derrière mon dos, péronnelles!

MAURICE CARÊME

J'AI TREMPÉ MON DOIGT DANS LA CONFITURE

J'ai trempé mon doigt dans la confiture
Turelure.
Ça sentait les abeilles
Ça sentait les groseilles
Ça sentait le soleil.
J'ai trempé mon doigt dans la confiture
Puis je l'ai sucé,
Comme on suce les joues de bonne grand-maman
Qui n'a plus mal aux dents
Et qui parle de fées...
Puis je l'ai sucé
Sucé
Mais tellement sucé
Que je l'ai avalé!

RENÉ DE OBALDIA

C'EST PAS MOI
QUI SUIS LE BON DIEU

C'est pas moi qui suis le bon Dieu
Et je crois que ça vaut mieux
Car je serais bien trop méchant
Avec les vilains garnements.

Je punirais Claude et Lison
Qui font des billes en carton
... Surtout le vilain Nicolas
Qui a coupé la queue du chat.

Couper les moustaches c'est rien
Ça donne un air carolingien
Mais couper la queue c'est méchant
Je ne vais plus savoir comment
Lui attacher la casserole
Qui faisait du tambour sur les cent marches de l'école.

René de Obaldia

De quoi sont, dites-moi, faits les petits garçons?
De quoi sont, dites-moi, faits les petits garçons?
De grenouilles et d'escargots,
Et de queues de chiots,
Et voilà de quoi sont faits les petits garçons.

De quoi, dites, sont faites les petites filles?
De quoi, dites, sont faites les petites filles?
D'épices, de sucre candi
Et de tout ce qui est exquis,
Voilà de quoi sont faites les petites filles.

Folklore anglais

LA TABLE DE MULTIPLICATION EN VERS

Le multiplicateur UN (Les aventures d'une famille de chats)

Le chat brun, dans le salon,
A beau tourner en rond,
Ça ne fait qu'UN seul chat brun,
UNE FOIS UN, UN.

Le chat fait la grimace,
Car il est furieux
De voir UN autre chat dans la glace!
UNE FOIS DEUX, DEUX.

Chat et chatte, heureux comme des rois,
Regardent leur petit qui boit,
UNE FOIS TROIS, TROIS.

Les chats font semblant de se battre,
UNE FOIS QUATRE, QUATRE...

Puis, grimpés sur le toit de zinc,
UNE FOIS CINQ, CINQ.

Ils pourchassent les souris,
UNE FOIS SIX, SIX.

Et sautent après les alouettes,
UNE FOIS SEPT, SEPT...

Sur le toit, ils passent la nuit,
UNE FOIS HUIT, HUIT...

Alors que leur bon lit d'étoffes,
UNE FOIS NEUF, NEUF,

En bas, les attend chez Clarisse,
UNE FOIS DIX, DIX.

Le multiplicateur QUATRE (La nièce attentionnée)

Séraphine, dans sa main,
Tient QUATRE fleurs du jardin

Qu'elle a cueillies à QUATRE pattes,
QUATRE FOIS UN, QUATRE...

Va au marché, choisit des truites,
QUATRE FOIS DEUX, HUIT,

Qu'elle pose dans sa blouse,
QUATRE FOIS TROIS, DOUZE...

Achète un panier de fraises,
QUATRE FOIS QUATRE, SEIZE,

Une bouteille de vin,
QUATRE FOIS CINQ, VINGT,

Un cornet de belles dattes,
QUATRE FOIS SIX, VINGT-QUATRE,

Puis une douzaine d'huîtres,
QUATRE FOIS SEPT, VINGT-HUIT,

Puis un ananas juteux,
QUATRE FOIS HUIT, TRENTE-DEUX,

Enfin, des grappes de cassis,
QUATRE FOIS NEUF, TRENTE-SIX,

Pour la fête de sa tante,
QUATRE FOIS DIX, QUARANTE.

JEAN TARDIEU

DIMANCHE

Charlotte
Fait de la compote.

Bertrand
Suce des harengs.

Cunégonde
Se teint en blonde.

Thérèse
Souffle sur la braise.

Léon
Peint des potirons.

Brigitte
S'agite, s'agite.

La pendule
Fabrique des virgules.

Et moi dans tout cha ?
Et moi dans tout cha ?

Moi ze ne bouze pas
Sur ma langue z'ai un chat.

RENÉ DE OBALDIA

LA BOUTEILLE D'ENCRE

D'une bouteille d'encre,
On peut tout retirer :
Le navire avec l'ancre,
La chèvre avec le pré,

La tour avec la reine,
La branche avec l'oiseau,
L'esclave avec la chaîne,
L'ours avec l'Esquimau.

D'une bouteille d'encre,
On peut tout retirer
Si l'on n'est pas un cancre
Et qu'on sait dessiner

MAURICE CARÊME

L'ARTISTE

Il voulut peindre une rivière;
Elle coula hors du tableau.

Il peignit une pie-grièche;
Elle s'envola aussitôt.

Il dessina une dorade;
D'un bond, elle brisa le cadre.

Il peignit ensuite une étoile;
Elle mit le feu à la toile.

Alors, il peignit une porte
Au milieu même du tableau.

Elle s'ouvrit sur d'autres portes,
Et il entra dans le château.

MAURICE CARÊME

Le foyer

TU ES BELLE MA MÈRE

Tu es belle, ma mère,
Comme un pain de froment,
Et, dans tes yeux d'enfant,
Le monde tient à l'aise.

Ta chanson est pareille
Au bouleau argenté,
Que le matin couronne
D'un murmure d'abeilles.

Tu sens bon la lavande,
La cannelle et le lait;
Ton cœur candide et frais
Parfume la maison.

Et l'automne est si doux
Autour de tes cheveux,
Que les derniers coucous
Viennent te dire adieu.

MAURICE CARÊME

UNE MÈRE

Des milliers d'étoiles dans le ciel,
Des milliers d'oiseaux dans les arbres,
Des milliers de fleurs au jardin,
Des milliers d'abeilles sur les fleurs,
Des milliers de coquillages sur les plages,
Des milliers de poissons dans les mers
Et seulement, seulement, une mère.

ANDRÉ BAY

Quand je lève les yeux
Sur les yeux de maman
Je vois en pensée un étang.

Tout autour, des arbres s'élancent
Et tout au milieu
Il y a une petite île sombre.

Au fond de cette eau tranquille
Quel poisson rare va nageant ?
Quel poisson rare va chantant ?

Folklore chinois

POUR MA MÈRE

Il y a plus de fleurs
Pour ma mère, en mon cœur,
Que dans tous les vergers ;

Plus de merles rieurs
Pour ma mère, en mon cœur,
Que dans le monde entier ;

Et bien plus de baisers
Pour ma mère, en mon cœur,
Qu'on en pourrait donner.

MAURICE CARÊME

LES FOSSETTES

Ma maman a des fossettes
Sur la joue et dans le cou.
Papa y met des bisettes
Des bisous un peu beaucoup.
Il lui dit que c'est pour bou-
Boucher tous ces petits trous.
Il lui dit mon petit Lou,
T'as des fossettes partout!

NORGE

POUR MON PAPA

J'écris le mot agneau
Et tout devient frisé :
La feuille du bouleau,
La lumière des prés.

J'écris le mot étang
Et mes lèvres se mouillent;
J'entends une grenouille
Rire au milieu des champs.

J'écris le mot forêt
Et le vent devient branche.
Un écureuil se penche
Et me parle en secret.

Mais si j'écris papa,
Tout me devient caresse,
Et le monde me berce
En chantant dans ses bras.

MAURICE CARÊME

POUR MON PÈRE

Mon père aimé, mon père à moi,
Toi qui me fais bondir
Sur tes genoux
Comme un chamois,

Que pourrais-je te dire
Que tu ne sais déjà?

Il fait si doux
Quand ton sourire
Eclaire tout
Sous notre toit!

Je me sens fort, je me sens roi
Quand je marche à côté de toi.

MAURICE CARÊME

SOUS LA LAMPE

Moi, j'aime bien la lampe
Qui dessine un grand rond
Sur la table où j'invente
Des animaux sans nom.

Autour de l'ombre noire
Que je fais sur le mur,
Rampent, tels des lézards,
De grands diables obscurs.

Mais je n'en ai pas peur.
Si je lève le bras,
Ils fuient tels des voleurs
Surpris au coin du bois.

D'ailleurs, ma mère est là.
Le loup ne viendra pas.

MAURICE CARÊME

LA MARMITE

Sur le feu jaune et bleu
Chante la grosse marmite
La marmite au pot au feu.

La marmite au pot au feu.
De temps en temps souffle un peu
De sa vapeur : « teuf, teuf, teu »
Comme une locomotive.

Et quand il l'entend — mon Dieu!
Le chat qui dort dans la cendre
Entrouvre à demi les yeux.

Le feu lèche la marmite
Sans bruit et la soupe cuit.
Et l'horloge va moins vite :
Elle écoute la marmite,
La marmite au pot au feu.

MAURICE FOMBEURE

Berceuses

BERCEUSE

Au fond des bois,
Couleur de faîne,
La feuille choit
Si doucement
Que c'est à peine
Si on l'entend.

A la fontaine,
Le merle boit
Si doucement
Que c'est à peine
Si on l'entend.

A demi voix,
Si doucement
Que c'est à peine
Si on l'entend,

Une maman
Berce la peine
De son enfant.

MAURICE CARÊME

BERCEUSE DU CANTAL

Sommeil, sommeil, viens, viens, viens
Sommeil, viens, viens donc,
Le sommeil ne veut pas venir,
Le petit enfant ne veut pas dormir;
Sommeil, sommeil, viens, viens, viens;
Sommeil viens à l'enfant.

Folklore

FAIS DODO, BERLINE

Fais dodo, berline,
Sainte Catherine,
Endormez-moi cet enfant
Jusqu'à l'âge de quinze ans;
Si l'enfant s'éveille
Coupez-lui l'oreille;
S'il ne se réveille pas,
Il aura du chocolat.

Folklore de la Haute-Vienne

DODO, PETITE!

Dodo, petite!
Sainte Marguerite,
Endormez-moi cette enfant,
Jusqu'à l'âge de quinze ans.
Quand elle aura quinze ans passés,
Ce sera temps de la marier.

Folklore

PAPA L'A DIT

Papa l'a dit :
Fallait dormi'.
Maman l'a dit :
Fallait dormi'.
Dodo, le petit
Puisq' papa,
Maman l'ont dit.

Folklore poitevin

BERCEUSE DU PETIT LOIR

Bien au creux, bien au chaud,
mon Gras, mon Doux, mon Beau,
Poil-Luisant, Patte-Fine.
Dors, mon petit loir, dors,
un petit loir qui dort,
dort et dîne,
un petit loir qui dort,
dîne et dort.

Voici l'hiver venu.
Les petits rats tout nus
nichent dans la farine.
Dors, mon petit loir, dors,
un petit loir qui dort,
dort et dîne,
un petit loir qui dort,
dîne et dort.

Aux arbres du verger,
bois sec, noyaux rongés,
le vent chante famine.
Dors, mon petit loir, dors,
un petit loir qui dort,
dort et dîne,
un petit loir qui dort,
dîne et dort.

SIMONE RATEL

BERCEUSE

Dodo, l'enfant do,
La cavale noire
N'a pas voulu boire
Et l'eau coule noire
Entre les rameaux.

Au pont se repose,
S'y met à chanter;
Qui sait quelles choses
Elle peut conter,
Quand l'eau se promène
En traînant sa traîne?

... Ah! cavale noire
Qui ne veut pas boire,
Neige de chagrin,
Cheval du matin.

... Mon enfant s'endort.
Mon enfant repose.
Dormez mon œillet,
La cavale noire
N'a pas voulu boire.
Dormez mon œillet,
La cavale noire
S'est mise à pleurer...

FEDERICO GARCIA LORCA

Qu'elle brille
Qu'elle coure!
Qu'elle brille encore!
Qu'elle chante!
Qu'elle se cache!
Qu'elle chante encore!
L'aurore que mon fils
tient dans son tablier.

FEDERICO GARCIA LORCA

BERCEUSE

La mer divine berce
Les vagues par milliers.
En écoutant la mer amoureuse,
Je berce mon enfant.

Vagabond dans la nuit,
Le vent berce les blés.
En écoutant le vent amoureux,
Je berce mon enfant.

GABRIELA MISTRAL

CHANT DE NOURRICE

Dors, mon petit, pour que demain arrive;
Si tu ne dors pas, petite âme vive,
Demain le jour le plus gai,
Demain ne viendra jamais.

Dors, mon petit, afin que l'herbe pousse,
Ferme les yeux; les herbes et la mousse
N'aiment pas dans le fossé
Qu'on les regarde pousser.

Dors, mon petit, pour que les fleurs fleurissent.
Les fleurs qui, la nuit, se parent, se lissent,
Si l'enfant reste éveillé,
N'oseront pas s'habiller.

MARIE NOËL

L'OISEAU BLEU DE NUIT

Il est tard, et ton ami
L'oiseau bleu s'est endormi,
Et l'on n'entend pour tout bruit
Que le ruisseau qui s'enfuit.

Endors-toi
Mon fils à moi...

Il est tard, et ton ami
L'oiseau bleu s'est endormi.

LUC DECAUNES

LE VOYAGEUR

Déjà le voilà parti
Au beau pays des rêves;
Il a laissé pour la nuit
Son ombre sur la grève.
Glissant par le flot dormant,
Il va vers les étoiles...
Mon enfant n'est pas ici,
Il voyage, il est parti.
Mon enfant n'est pas ici,
Il marche dans sa nuit.

LUC DECAUNES

« Compère, vous mentez ! »

LES MENTEURS

Compère, qu'as-tu vu ?
Commère, j'ai bien vu :
J'ai vu z'une anguille
Qui coiffait sa fille
Au-d'ssus d'un clocher.
Compère, vous mentez!

Compère, qu'as-tu vu ?
Commère, j'ai bien vu :
J'ai vu z'une vache
Danser sur la glace
En plein cœur d'été.
Compère, vous mentez!

Compère, qu'as-tu vu ?
Commère, j'ai bien vu :
J'ai vu z'une mouche
Qu'était sur sa couche
Les rideaux tirés.
Compère, vous mentez!

Compère, qu'as-tu vu ?
Commère, j'ai bien vu :
J'ai vu z'une pie
Qui gagnait sa vie
En f'sant des chapelets.
Compère, vous mentez!

LES MENSONGES

Oh, j'ai vu, j'ai vu
Compèr' qu'as-tu vu ?
J'ai vu une vache
Qui dansait sur la glace
A la Saint Jean d'été
Compèr' vous mentez.

Ah, j'ai vu, j'ai vu
Compèr' qu'as-tu vu ?
J'ai vu une grenouille
Qui faisait la patrouille
Le sabre au côté
Compèr' vous mentez.

Ah, j'ai vu, j'ai vu
Compèr' qu'as-tu vu ?
Ah j'ai vu un loup
Qui vendait des choux
Sur la place labourée,
Compèr' vous mentez.

Ah, j'ai vu, j'ai vu,
Compèr' qu'as-tu vu ?
J'ai vu une anguille
Qui coiffait une fille
Pour s'aller marier,
Compèr' vous mentez.

Ronde bourguignonne

Folklore

PETITES MERVEILLES

J'ai un perroquet muet comme une carpe
J'ai un escargot qui joue de la harpe
J'ai une petite femme pas plus haute qu'un dé
Qui me saute au cou pour me dérider.

J'ai un canari qui fait de la peinture
J'ai une idée noire qui cire mes chaussures
J'ai une petite mouche qui parle chinois
Une girafe qui vit dans une coquille de noix,

Un moineau qui a une tête de cheval
Un poisson qui chante au fond du bocal
Et un petit soleil pas plus gros qu'un œuf
Qui brille dans ma poche avec mes sous neufs.

C'est mon éléphant, mince comme un pou,
Qui conte cette histoire à dormir debout.

NORGE

IL ÉTAIT

Il était un vieil homme à la barbe fleurie,
Qui disait : « Voyez-vous, je vous l'avais bien dit!
Un roitelet, quatre alouettes,
Deux hiboux et une poulette
Ont tous bâti leurs nids dans ma barbe fleurie! »

Il était un vieil homme qui disait : « Cré nom!
Dans le buisson j'ai aperçu un oisillon! »
Lorsqu'on lui dit : « Est-il petit? »
Il répondit : « Nenni! nenni!
Il est bien quatre fois plus gros que le buisson! »

Lorsqu'il était encor tout petit, un vieillard,
Par accident, tomba dedans une bouilloire;
A force de grossir,
Il n'en put ressortir
Et dut passer sa vie dedans cette bouilloire.

Il était une dame âgée, à Saint-Nazaire,
Qui fréquentait les grands abîmes de la mer;
Elle y allait porter à manger aux poissons
A qui elle faisait réciter leurs leçons;
Puis à la nage, elle regagnait Saint-Nazaire.

Il était un vieillard de la ville d'Hirson,
Qui montait à cheval sur un énorme ourson;
Quelqu'un lui demandant : « Sait-il aller au trot ? »
Il répondit : « Ne lui en demandez pas trop!
C'est un lourdaud d'ourson de la ville d'Hirson! »

J'ai vu un gros rat
Qui fendait du bois
Avec son nez carré;
J'ai vu une anguille
Qui coiffait sa fille
Pour aller danser;
J'ai vu une vache
Qui patinait sur la glace
En plein cœur d'été;
J'ai vu une grenouille
Qui faisait rafouille
En haut du rocher;
J'ai vu un gros bœuf
Qui montait aux cieux
Dans un panier percé.

Folklore

J'avais une vache
elle est au salon

J'avais une rose
elle est en chemise
et en pantalon

J'avais un cheval
il cuit dans la soupe
dans le court-bouillon

J'avais une lampe
le ciel me l'a prise
pour les nuits sans lune

J'avais un soleil
il n'a plus de feu
je n'y vois plus goutte
je cherche ma route
comme un malheureux.

JEAN TARDIEU

Sourires

MENUISIER DU ROI

— Je stipule,
dit le roi,
que les grelots de ma mule
seront des grelots de bois.

— Je stipule,
dit la reine,
que les grelots de ma mule
seront des grelots de frêne.

— Je stipule,
dit le dauphin,
que les grelots de ma mule
seront en cœur de sapin.

— Je stipule,
dit l'infante,
élégante,
que les grelots de ma mule
seront faits de palissandre.

— Je stipule,
dit le fou,
que les grelots de ma mule
seront des grelots de houx.
Mais, quand on appela
le menuisier,
Il n'avait que du merisier.

MAURICE FOMBEURE

CE QUI EST COMIQUE

Savez-vous ce qui est comique?
Une oie qui joue de la musique
Un pou qui parle du Mexique
Un bœuf retournant l'as de pique
Un clown qui n'est pas dans un cirque
Un âne chantant un cantique
Un loir champion olympique
Mais ce qui est le plus comique
C'est d'entendre un petit moustique
Répéter son arithmétique.

MAURICE CARÊME

SI TOUTES LES MERS...

Si toutes les mers étaient une seule mer,
Quelle grande mer cela ferait!
Si tous les arbres étaient un seul arbre,
Quel grand arbre cela ferait!
Si tout's les haches étaient une seule hache,
Quelle grande hache cela ferait!
Et si tous les hommes n'étaient qu'un seul homme,
Quel homme grand cela ferait!
Et si cet homme grand prenait la grande hache
Et abattait le grand arbre,
En le faisant tomber dans le grand océan,
Quel éclaboussement cela ferait vraiment!

Folklore anglais

LE HARENG SAUR

Il était un grand mur blanc-nu, nu, nu,
Contre le mur une échelle-haute, haute, haute,
Et, par terre, un hareng saur-sec, sec, sec.

Il vient, tenant dans ses mains-sales, sales, sales,
Un marteau lourd, un grand clou-pointu, pointu, pointu,
Un peloton de ficelle-gros, gros, gros.

Alors il monte à l'échelle-haute, haute, haute,
Et plante le clou pointu-toc, toc, toc,
Tout en haut du grand mur blanc-nu, nu, nu.

Il laisse aller le marteau-qui tombe, qui tombe, qui tombe,
Attache au clou la ficelle-longue, longue, longue,
Et, au bout, le hareng saur-sec, sec, sec.

Il redescend de l'échelle-haute, haute, haute,
L'emporte avec le marteau-lourd, lourd, lourd,
Et puis, il s'en va ailleurs-loin, loin, loin.

Et, depuis, le hareng saur-sec, sec, sec,
Au bout de cette ficelle-longue, longue, longue,
Très lentement se balance-toujours, toujours, toujours.

J'ai composé cette histoire-simple, simple, simple,
Pour mettre en fureur les gens-graves, graves, graves,
Et amuser les enfants-petits, petits, petits.

CHARLES CROS

DANS LA MARMITE ÇA RONRONNE

Dans la marmite ça ronronne
Ça n'arrête pas de ronronner.
Encore plus fort que papa
Quand il dort le nez bouché.

Ça ronronne dans la marmite, ça ronronne!

Ceux qui ne savent pas ce qu'il y a dedans
Font des yeux ronds comme des pommes
Mais moi je sais pourquoi :

C'est pas du lapin, c'est du chat.

René de Obaldia

Où allez-vous ainsi, ma gente demoiselle?
Je vais traire la vach', mon bon monsieur, dit-elle.

Puis-je aller avec vous, ma gente demoiselle?
Vous êtes bienvenu, mon bon monsieur, dit-elle.

Que fait donc votre pèr', ma gente demoiselle?
Mon père est un fermier, mon bon monsieur, dit-elle.

Quelle est votre fortun', ma gente demoiselle?
Mon visage en tient lieu, mon bon monsieur, dit-elle.

Ne puis vous épouser, ma gente demoiselle.
Nul ne vous a rien demandé, monsieur, dit-elle.

Folklore anglais

QUELQU'UN

Quand la chèvre sourit
quand l'arbre tombe
quand le crabe pince
quand l'herbe est sonore

plus d'une maison
plus d'une coquille
plus d'une caverne
plus d'un édredon

entendent là-bas
entendent tout près
entendent très peu
entendent très bien

quelqu'un qui passe et qui pourrait bien être
et qui pourrait bien être quelqu'un.

RAYMOND QUENEAU

AU CRÉPUSCULE

... Bonsoir mon chou
comme dit le jardinier

Bonsoir les enfants
comme disent les enfants

... Bonsoir mon trésor
comme disent les banquiers

Bonsoir ma cocotte
comme dit la fermière

Bonsoir mon loup
comme dit la bergère

... Bonsoir bonsoir bonsoir
comme disent les inconnus

Mille bonsoirs de bonsoirs
comme disent les militaires
les nourrices et les chaisières

Bonsoir tout le monde
comme tout le monde le dit...

PHILIPPE SOUPAULT

L'ENFANT QUI EST DANS LA LUNE

Cet enfant, toujours dans la lune,
s'y trouve bien, s'y trouve heureux.
Pourquoi le déranger? La lune
est un endroit d'où l'on voit mieux.

CLAUDE ROY

L'ÉPONGE

Une éponge
Songe
Songe
Songe
Aux songes
D'une éponge
Qui songe

ANDRÉE CHEDID

Bestiaire

L'ALLIGATOR

Sur les bords du Mississipi
Un alligator se tapit.
Il vit passer un négrillon
Et lui dit : « Bonjour, mon garçon. »
Mais le nègre lui dit : « Bonsoir,
La nuit tombe, il va faire noir,
Je suis petit et j'aurais tort
De parler à l'alligator. »
Sur les bords du Mississipi
L'alligator a du dépit,
Car il voulait au réveillon
Manger le tendre négrillon.

ROBERT DESNOS

BICHE ET FAON
(Conseil de la biche)

« Quand sonne en fan-
fare
L'horrible oli-
phant,
Gare! gare! gare!
Au lit,
Faon! »

ARMAND GOT

FABLIETTE DU MAUVAIS BŒUF

Le mauvais bœuf
Ne voulait pas
Être vendu, mais vendre.

A la ville voisine
Il emmena
Un beau jour son patron.

Il fut déçu.
Le ramena.

GUILLEVIC

ENTENDS CHANTER LA CAILLE

Entends chanter la caille
Une heure après minuit;

La belle a fait son nid
Au milieu des foins bleus.

Avec des brins de lune,
Des fleurs de romarin,

Avec des perles d'eau,
Pour y voir dans le noir,

Avec tout plein d'espoir
En attendant l'aurore.

GUY DE LA MOTHE

LA CAILLE

O caille, belle caille
    où est ton nid?

Là-haut sur la montagne
    au-delà du ruisseau!

O caille, belle caille
    de quoi l'as-tu bâti?

De feuilles, de branchettes,
    et de ronces aussi!

O caille, belle caille
    qu'est-ce qu'il y a dedans?

Des œufs de caille
    qu'il y a dedans!

O caille, belle caille
    qu'ils sont jolis!

Ils sont tachés de picailles
    blancs et marrons!

O caille, belle caille
    faisons un nid!

Je ne quitte pas mon rocher
    et mon bon nid!

O caille, belle caille
    il sera plus neuf!

Je ne quitte pas ma broussaille
    je garde mes œufs jolis!

Folklore

UN CHAT NOIR ET BLANC

Un chat noir et blanc,
— couleur de la vie —
simule tranquille
auprès du jasmin
son juste repos.
Blotti au matin
dans l'ombre qui penche
au plaisir des branches
un chat souple et faux
guette les oiseaux
et chasse au jardin.

Géo Libbrecht

Qui vient là ? Mais c'est ma chatte,
Une brindille à la patte,
le dos rond, elle passe le pont
puis s'avance, l'œil fripon.
Minou, minou, mounette,
où étais-tu cachée ?
Mounette répond tout net
qu'elle gardait les poulettes
depuis le déjeuner.

Folklore russe

LE CHAT DANS LA PÉNOMBRE

Le chat dans la pénombre
A la tombée du jour
Abandonnait sa faim,

Rentrait dans son mensonge
Et devenait immense.

GUILLEVIC

Qu'est-ce qu'un chat ?
C'est un roi
Un soir de gala
En tournure
De fourrure

GISÈLE PRASSINOS

LA CHAUVE-SOURIS

A mi-carême, en carnaval,
On met un masque de velours.

Où va le masque après le bal ?
Il vole à la tombée du jour.

Oiseau de poils, oiseau sans plumes,
Il sort, quand l'étoile s'allume,
De son repaire de décombres.
Chauve-souris, masque de l'ombre.

ROBERT DESNOS

COMPLAINTE DU PETIT CHEVAL BLANC

Le petit cheval dans le mauvais temps, qu'il avait donc du courage!
C'est alors qu'il était content, eux derrière et lui devant.

Il n'y avait jamais de beau temps dans ce pauvre paysage.
Il n'y avait jamais de printemps, ni derrière ni devant.

Mais toujours il était content, menant les gars du village
A travers la pluie noire des champs, tous derrière et lui devant.

Sa voiture allait poursuivant sa belle petite queue sauvage.
C'est alors qu'il était content, eux derrière et lui devant.

Mais un jour, dans le mauvais temps, un jour qu'il était si sage,
Il est mort par un éclair blanc, tous derrière et lui devant.

Il est mort sans voir le beau temps, qu'il avait donc du courage!
Il est mort sans voir le printemps, ni derrière ni devant.

PAUL FORT

Le cheval dit :
J'aime porter de longs cheveux
comme une femme
J'aime porter un amoureux
avec sa dame
J'aime la poudre du chemin
sur mon visage
J'aime le conseil de la main
qui m'encourage.

LOUISE DE VILMORIN

LE CHANT DU COUCOU

d'après une chanson anglaise du XIIIe siècle :
Summer is incumen in

Il est venu l'été si doux!
Chante, coucou!
Quelqu'un m'appelle, « m'aimez-vous ? »
La forêt m'a sauté au cou.
Chante, coucou!

L'agneau bêle après sa maman
La tourtre fait roucoucou!
Le canard son petit cancan
Chante, coucou!
Cou cou! cou cou! là-bas! Chante, chante, coucou!
Comme il fait bon! comme il fait doux!
Chante coucou cou! chante, coucou!
Chante coucou! chante coucou... cou!

PAUL CLAUDEL

VOYEZ COMME LE CROCODILE...

Voyez comme le crocodile
Sait faire rutiler sa queue
En répandant l'onde du Nil
Sur ses jolies écailles bleues!

Comme il écarte bien ses griffes,
Comme gaiement il semble boire
Lorsqu'il ouvre aux poissons rétifs
Ses ensorcelantes mâchoires!

LEWIS CARROLL

LE DROMADAIRE

Avec ses quatre dromadaires
Don Pedro d'Alfaroubeira
Courut le monde et l'admira.
Il fit ce que je voudrais faire
Si j'avais quatre dromadaires.

GUILLAUME APOLLINAIRE

LE DROMADAIRE

Que je t'aimais, cher dromadaire,
Ornant mon simple abécédaire!
Méhariste sans peur, juché sur ton dos nu,
En rêve, j'ai franchi des déserts inconnus.

ARMAND GOT

CHANSON DES ESCARGOTS
QUI VONT A L'ENTERREMENT

A l'enterrement d'une feuille morte
Deux escargots s'en vont
Ils ont la coquille noire
Du crêpe autour des cornes
Ils s'en vont dans le noir
Un très beau soir d'automne
Hélas quand ils arrivent
C'est déjà le printemps
Les feuilles qui étaient mortes
Sont toutes ressuscitées
Et les deux escargots
Sont très désappointés.
...

JACQUES PRÉVERT

Les escargots, la larme aux yeux
Silencieux rentrent chez eux
Les salsifis tout déconfits
Au riz confient tous leurs soucis
Et la scarole à l'huile d'olive
A pris la pâleur de l'endive.

BORIS VIAN

Quand je serai mort dans la terre
Dit l'escargot à son frère
Pour toi, finie la misère
Mon cher colimaçon.
Je te laisserai ma maison.

GISÈLE PRASSINOS

LA FOURMI

Une fourmi de dix-huit mètres
Avec un chapeau sur la tête,
Ça n'existe pas, ça n'existe pas.
Une fourmi traînant un char
Plein de pingouins et de canards,
Ça n'existe pas, ça n'existe pas.
Une fourmi parlant français,
Parlant latin et javanais
Ça n'existe pas, ça n'existe pas.
Eh! Pourquoi pas?

ROBERT DESNOS

LA GIRAFE

La girafe et la girouette,
Vent du sud et vent de l'est,
Tendent leur cou vers l'alouette,
Vent du nord et vent de l'ouest.

Toutes deux vivent près du ciel,
Vent du sud et vent de l'est,
A la hauteur des hirondelles,
Vent du nord et vent de l'ouest.

Et l'hirondelle pirouette,
Vent du sud et vent de l'est,
En été sur les girouettes,
Vent du nord et vent de l'ouest.

L'hirondelle fait des paraphes,
Vent du sud et vent de l'est,
Tout l'hiver autour des girafes,
Vent du nord et vent de l'ouest.

ROBERT DESNOS

LES GRILLONS

Maman ne veut plus m'avoir dans ses jambes,
M'envoya chercher dehors du bois mort.

Sortant de la ville j'ai vu deux grillons
Qui se disputaient en langue grillon.

— Je mange à midi un saule pleureur,
Disait le premier en jouant du violon.

— Je mange à souper un gros âne mort,
Disait le second en jouant du violon.

Un coq qui passait par là, jabotant,
Vit les deux grillons, toujours disputant.

Mangea le premier, mangea le second.
Se disputeront dans son estomac.

CLAUDE ROY

LE PETIT GRILLON

Le petit grillon qui garde la montagne
A bien du mérite croyez-moi
Quand de partout
Coucous et hiboux font
Coucou coucou
ou ouh ouh ouh ouh
A d'autres coucous
Ou d'autres hiboux
qui font à tout coup
ou coucou coucou
ou ouh ouh ouh ouh
Toute toute la nuit
Le petit grillon vaillant
A bien du mérite
Et qu'est-ce qui le retient
Dites-le-moi
Messieurs
De se croiser les bras
et de dormir longtemps
Sa tête
Entre les deux yeux?

PAUL VINCENSINI

LE HÉRISSON

Bien que je sois très pacifique
Ce que je pique et pique et pique,
Se lamentait le hérisson.
Je n'ai pas un seul compagnon.
Je suis pareil à un buisson,
Un tout petit buisson d'épines
Qui marcherait sur des chaussons.
J'envie la taupe, ma cousine,
Douce comme un gant de velours
Émergeant soudain des labours.
Il faut toujours que tu te plaignes,
Me reproche la musaraigne.
Certes, je sais me mettre en boule
Ainsi qu'une grosse châtaigne,
Mais c'est surtout lorsque je roule
Plein de piquants, sous un buisson,
Que je pique, et pique et repique,
Moi qui suis si, si pacifique,
Se lamentait le hérisson.

MAURICE CARÊME

LE HÉRISSON

En route, il semble une pelote d'épingles en mouvement,
Arrêté, il est rond comme une châtaigne.
Ne méprisez pas sa petitesse,
Qui oserait le frapper du poing?

CHU CHEN PAI

LE HÉRON

Au soleil oblique, à l'ombre des saules ondulants,
Il se mire dans les eaux profondes.
Ne vantez pas sa blanche innocence;
Sachez qu'il est avide de poisson.

LO YING

LES HIBOUX

Ce sont les mères des hiboux
Qui désiraient chercher les poux
De leurs enfants, leurs petits choux,
En les tenant sur les genoux.

Leurs yeux d'or valent des bijoux
Leur bec est dur comme cailloux,
Ils sont doux comme des joujoux,
Mais aux hiboux point de genoux!

Votre histoire se passait où?
Chez les Zoulous? Les Andalous?
Ou dans la cabane bambou?
A Moscou? Ou à Tombouctou?
En Anjou ou dans le Poitou?
Au Pérou ou chez les Mandchous?

Hou! Hou!
Pas du tout, c'était chez les fous.

ROBERT DESNOS

LE HIBOU ET L'HIRONDELLE

— Moi, dit le hibou
à l'hirondelle,
j'ai un beau jabot,
des gants élégants.
Je suis un monsieur
tout à fait sérieux.
Je suis important.

— Moi, dit l'hirondelle
qui file à tire-d'aile
(tu ne la vois pas,
elle est sur le toit)
moi, dit l'hirondelle,
je vole et je vais
là où il me plaît.
Je suis bien contente
et c'est beaucoup mieux.

CLAUDE ROY

LE PETIT HIBOU

Quand le petit hibou
Qui est né aujourd'hui
Découvrira la nuit
Avec tous ses bijoux,

En fera-t-il des « hou »!
C'est sa façon à lui
De chanter ce qui luit
Dans le jour des hiboux;

C'est sa façon à lui
D'accueillir les joujoux
Que les parents hiboux
Apportent dans la nuit.

PIERRE MENANTEAU

Une hulotte vieillotte
installée dans les branchages,
une hulotte vieillotte
examinait le rivage.
Dame Hulotte fit un somme,
fit un somme, faut voir comme!
tant et si bien qu'elle tomba;
humiliée, elle se fâcha :
il aurait fallu, sales branches,
me retenir par la hanche!

Folklore russe

LE HIBOU

Il était une fois un gentil hibou
qui vivait dans un arbre sec.
Il écoutait et voyait tout
mais jamais il n'ouvrait le bec.
Et plus il écoutait
et plus il en savait.
Et plus il en savait
et plus il se taisait.
En le voyant je me suis dit :
si tout le monde faisait comme lui!

Folklore

LE KANGOUROU

Le kangourou
n'a pas les yeux dans sa poche

du reste
le kangourou
n'a pas froid aux yeux

alors
pourquoi
les mettrait-il
dans sa poche
ses yeux!

ANDRÉE CLAIR

LE FACTEUR

C'est le kangourou-facteur
Qui fait sa tournée.
Avec un pareil sauteur,
Ça ne peut traîner!

Il ne prend pas de sacoche :
Les cartes-postales,
Les lettres et le journal,
Tout va dans sa poche.

— Bonjour, monsieur l'Opossum,
Voici le courrier.
Puisque j'ai tout distribué,
Je vais faire un somme!

LOUIS GUILLAUME

LE LÉOPARD

Si tu vas dans les bois,
Prends garde au léopard.
Il miaule à mi-voix
Et vient de nulle part.

Au soir, quand il ronronne,
Un gai rossignol chante,
Et la forêt béante
Les écoute et s'étonne,

S'étonne qu'en ses bois
Vienne le léopard
Qui ronronne à mi-voix
Et vient de nulle part.

ROBERT DESNOS

LE LÉZARD

Le lézard a dit : « Oui,
Je voudrais être abeille ».
Mais il a trop dormi
Dans les bras du soleil.
Il a pris peu à peu
La couleur de la pierre,
Lui qui était de feu,
De menthe et de lumière,
Lui qui glissait léger
Comme un fil de clarté.
Le voilà plus obscur
Que la fente du mur.
Le lézard a dit : « Oui,
Je voudrais être abeille. »
Mais il s'est rendormi
Dans les bras du soleil.

MAURICE CARÊME

LE LÉZARD

Attendri de soleil, le lézard
Est le miracle du rocher :
Fin comme un bijou, mais voyez,
A fleur de peau, son cœur battre.

FRÉDÉRIC KIESEL

LE LÉZARD

Lézard des rochers,
Lézard des murailles,
Lézard des semailles,
Lézard des clochers.

Tu tires la langue,
Tu clignes des yeux,
Tu remues la queue,
Tu roules, tu tangues.

Lézard bleu diamant,
Violet reine-claude
Et vert d'émeraude,
Lézard d'agrément!

ROBERT DESNOS

LA LUCIOLE

Le vent d'automne est frais, la lune tendre.
Je vole à travers l'ombre du platane.
Si j'étais comme tous les insectes,
Me reconnaîtrait-on dans le noir?

KUO CHEN

LES OISEAUX PERDUS

Le matin compte ses oiseaux
Et ne retrouve pas son compte.

Il manque aujourd'hui trois moineaux,
Un pinson et quatre colombes.

Ils ont volé si haut, la nuit,
Volé si haut, les étourdis,

Qu'à l'aube, ils n'ont plus trouvé trace
De notre Terre dans l'espace.

Pourvu qu'une étoile filante
Les prenne sur sa queue brillante

Et les ramène! Il fait si doux
Quand les oiseaux chantent pour nous.

MAURICE CARÊME

CRIS D'OISEAUX

Que crie le moineau?
— La joie me tient chaud.
Que crie l'hirondelle?
— Qui aime a mes ailes.
Que crie le pinson?
— Tout nid est rayon.
Que crie le coucou?
— J'ai la bride au cou.
Que crie l'alouette?
— J'ai le ciel en tête.
Que crie le loriot?
— De l'or, peu m'en faut.
Et que crie la pie?
— Qui rit s'enrichit.

MAURICE CARÊME

L'OURS

Le grand ours est dans la cage,
Il s'y régale de miel.

La grande ourse est dans le ciel,
Au pays bleu des orages.

Bisque! Bisque! Bisque! Rage!
Tu n'auras pour tout potage
Qu'un balai dans ton ménage,
Une gifle pour tes gages,
Ta chambre au dernier étage
Et un singe en mariage!

ROBERT DESNOS

LE PAON

Le paon sur sa roue dessine
Tout ce qu'il désire :
Des yeux qui l'admirent

FRÉDÉRIC KIESEL

LE PAON

En faisant la roue, cet oiseau,
Dont le pennage traîne à terre,
Apparaît encore plus beau,
Mais se découvre le derrière.

GUILLAUME APOLLINAIRE

LE PAPILLON

Le papillon est une chenille
Qui a rêvé toute sa vie
De s'envoler, d'être jolie

FRÉDÉRIC KIESEL

LE PÉLICAN

Le capitaine Jonathan,
Étant âgé de dix-huit ans,
Capture un jour un pélican
Dans une île d'Extrême-Orient.

Le pélican de Jonathan,
Au matin, pond un œuf tout blanc
Et il en sort un pélican
Lui ressemblant étonnamment.

Et ce deuxième pélican
Pond, à son tour, un œuf tout blanc
D'où sort, inévitablement
Un autre qui en fait autant.

Cela peut durer pendant très longtemps
Si l'on ne fait pas d'omelette avant.

Robert Desnos

PORC

Du soleil sur le dos, du soleil sur le ventre,
La tête grasse et immobile
Comme un canon,
Le porc travaille.

Paul Éluard

VISION FUGITIVE

Avez-vous vu le porc-épic
Qui se baladait place du Trône?
Avez-vous vu le porc-épic
Qui remontait la rue Lepic?

Pic pic pic!
Dit le porc-épic,
Je ne pique pas, ma parole!
Pic pic pic!
Dit le porc-épic,
Je ne pique pas les aspics!

LUC DECAUNES

LE ROUGE-GORGE ET LES MOINEAUX

« Au feu! au feu! crièrent les moineaux.
Au feu! son plastron brûle!
Qu'on déverse sur lui le seau
De la petite Ursule! »
Mais calmement, le rouge-gorge
Continuait à remuer
Les pattes, la queue, le gosier
Sans voir qu'il faisait flamboyer
Autour de lui, l'hiver entier.

MAURICE CARÊME

LA SAUTERELLE

Saute, saute, sauterelle,
Car c'est aujourd'hui jeudi.
Je sauterai, nous dit-elle,
Du lundi au samedi.

Saute, saute, sauterelle,
A travers tout le quartier.
Sautez donc, Mademoiselle,
Puisque c'est votre métier.

ROBERT DESNOS

LE TAMANOIR

— Avez-vous vu le tamanoir?
Ciel bleu, ciel gris, ciel blanc, ciel noir.
— Avez-vous vu le tamanoir?
Œil bleu, œil gris, œil blanc, œil noir.
— Avez-vous vu le tamanoir?
Vin bleu, vin gris, vin blanc, vin noir.

Je n'ai pas vu le tamanoir!
Il est rentré dans son manoir,
Et puis avec son éteignoir
Il a coiffé tous les bougeoirs,
Il fait tout noir.

ROBERT DESNOS

LE PETIT LAPON

Je n'ai jamais vu de lama,
De tamanoir ni de puma.

Je n'ai pas été à Lima,
Ni à Fez, ni à Panama.

Je ne possède ni trois-mâts,
Ni charrette, ni cinéma.

Je ne suis qu'un petit Lapon
Qui sculpte de petits oursons,

Avec un os, dans un glaçon.

MAURICE CARÊME

LE VER LUISANT

Ver luisant, tu luis à minuit,
Tu t'allumes sous les étoiles
Et, quand tout dort, tu t'introduis
Dans la lune et ronges sa moelle.

La lune, nid des vers luisants,
Dans le ciel continue sa route.
Elle sème sur les enfants,
Sur tous les beaux enfants dormant,
Rêve sur rêve, goutte à goutte.

ROBERT DESNOS

...Où sont passés les habitants
Des cavernes du bon vieux temps
Qui s'éclairaient modestement
Au moyen de vers luisants?

RENÉ DE OBALDIA

LE ZÈBRE

Le zèbre, cheval des ténèbres,
Lève le pied, ferme les yeux
Et fait résonner ses vertèbres
En hennissant d'un air joyeux.

Au clair soleil de Barbarie,
Il sort alors de l'écurie
Et va brouter dans la prairie
Les herbes de sorcellerie.

Mais la prison, sur son pelage,
A laissé l'ombre du grillage.

ROBERT DESNOS

LE ZÈBRE

A grand renfort de ruades,
Le zèbre au galop sauvage,
Cherche à fuir la palissade
Où l'enferme son pelage.
  Bisque, bisque rage!
Il hennit en vain pour honnir sa cage!

Armand Got

LES AMIS D'ENFANCE

Je me souviens du grand cheval
Qui promenait tête et crinière
Comme une grappe de lumière
Dans la nuit du pays natal.

Qui me dira mon chien inquiet,
Ses coups de pattes dans la porte,
Lui qui prenait pour un gibier
Le tourbillon des feuilles mortes?

Maintenant que j'habite en ville
Un paysage sans jardins,
Je songe à ces matins anciens
Tout parfumés de marguerites.

René-Guy Cadou

QUATUOR

Le butor dit au condor :
— Que j'admire ton essor!
Le condor dit au butor :
— Que je voudrais ta voix d'or!
— Quant à moi, dit le castor,
Je suis content de mon sort.
— Alors, dit l'alligator,
Formons donc un quatuor!
Et tous se mirent d'accord.

Louis Guillaume

La trompe de l'éléphant,
c'est pour ramasser les pistaches :
pas besoin de se baisser.
Le cou de la girafe,
c'est pour brouter les astres :
pas besoin de voler.
La peau du caméléon,
verte, bleue, mauve, blanche,
selon sa volonté,
c'est pour se cacher des animaux voraces :
pas besoin de fuir.
La carapace de la tortue,
c'est pour dormir à l'intérieur,
même l'hiver :
pas besoin de maison.
Le poème du poète,
c'est pour dire tout cela
et mille et mille et mille autres choses :
pas besoin de comprendre.

ALAIN BOSQUET

MERVEILLES DANS LES BOIS

I

— Avez-vous vu le rossignol
Le rossignol qui chante ?
Avez-vous vu le rossignol
Qui chante dans les bois ?
— Oui je l'ai vu le rossignol
Le rossignol qui chante
Oui je l'ai vu le rossignol
Qui chante dans les bois.

II

— Avez-vous vu le grand lapin
Le grand lapin qui gronde ?
Avez-vous vu le grand lapin
Qui gronde dans les bois ?
— Oui je l'ai vu le grand lapin
Le grand lapin qui gronde
Oui je l'ai vu le grand lapin
Qui gronde dans les bois.

III

— Avez-vous vu le papillon
Le papillon qui danse ?
Avez-vous vu le papillon
Qui danse dans les bois ?
— Oui je l'ai vu le papillon
Le papillon qui danse
Oui je l'ai vu le papillon
Qui danse dans les bois.

IV

— Avez-vous vu l'astre-écureuil
L'astre-écureuil qui flambe ?
Avez-vous vu l'astre-écureuil
Qui flambe dans les bois ?
— Oui je l'ai vu l'astre-écureuil
L'astre-écureuil qui flambe
Oui je l'ai vu l'astre-écureuil
Qui flambe dans les bois.

Luc Decaunes

Images
D'ANIMAUX

Un grand chat lentement passe comme on chuchote... (LÉON-PAUL FARGUE)
Une brise tiède frissonne/Et creuse d'argentines moires/Sur la chatte aux yeux de démone/Qui, sournoise et longue, vient boire/Dans le vase des anémones. (ANNA DE NOAILLES)
— Très bien, dit le chat, et cette fois il s'évanouit lentement, en commençant par le bout de sa queue pour finir par le sourire qui demeura en suspens quelque temps après tout le reste.
« Eh bien, j'ai souvent vu un chat sans sourire, pensa Alice, mais un sourire sans chat! C'est bien la chose la plus étrange que j'aie jamais vue jusqu'ici! » (LEWIS CARROLL)
Les chats puissants et doux, orgueil de la maison... (CHARLES BAUDELAIRE)
J'ai vu comment ondulait/en dormant le chat; la nuit/courait en lui comme l'eau obscure... (PABLO NERUDA).
Jeune cheval à la crinière vaporeuse/Que tu es beau, printemps cheval/Criblant le ciel de ta crinière/Couvrant d'écume les roseaux! (RENÉ CHAR)
Le cheval bougeait les naseaux/Puis hennissait comme en plein ciel/Et tout entouré d'irréel/S'abandonnait à son galop. (JULES SUPERVIELLE)
[L'écureuil] Leste allumeur de l'automne, il passe et repasse sous les feuilles la petite torche de sa queue. (JULES RENARD)
L'écureuil qui devient feuille et bois dans sa fuite... (JULES SUPERVIELLE)
LE MUR : Je ne sais quel frisson me passe sur le dos./LE LÉZARD : C'est moi. (JULES RENARD)
Les moutons, ces quenouilles vivantes. (SAINT-POL-ROUX)

L'ombre d'un grand oiseau me passe sur la face. (SAINT-JOHN PERSE)
La colombe roucoule; écoute, un caillou roule en le souffle qui coule ou croule dans le joujou frêle de son cou. (SAINT-POL-ROUX)

Les chauve-souris découpent le soir mol à petits cris. (SAINT-JOHN PERSE)
Une chouette de coton passa en silence, elle se posa dans le pin, elle alluma ses yeux. (JEAN GIONO)
La chouette au regard précis/Dans la terre meuble de ses plumes. (PAUL ÉLUARD)
La douceur, c'est un vol de chouette, sous les taillis, au crépuscule. (ANDRÉ HARDELLET)
Un coq de Caldecott crache un coquelicot. (LÉON-PAUL FARGUE)
Un cygne avance sur l'eau/Tout entouré de lui-même/Comme un glissant tableau. (RAINER-MARIA RILKE)
Le hibou n'est qu'une horloge à plumes, avec deux cadrans à secondes et une seule aiguille, la petite. Il marque toujours six heures. (PIERRE DELLA FAILLE)
Trois oies découvrent le village/Et nous trompettent leur bonheur. (MAURICE FOMBEURE)
[La pie] Il lui reste toujours du dernier hiver, un peu de neige. (JULES RENARD)
Chante au cœur du silence, ô rossignol caché!/Tout le jardin de roses écoute et s'est penché. (PAUL FORT)
Le nid que l'oiseau bâtit/Si petit/Est une chose profonde./ L'œuf ôté de la forêt/Manquerait/A l'équilibre du monde. (VICTOR HUGO)
Les oiseaux mettent en désordre/Le soleil aveuglant du toit,/ Les oiseaux jouent à remplacer/Le soleil plus léger que l'huile/ Qui coule entre nous. (PAUL ÉLUARD)

L'insecte net gratte la sécheresse. (PAUL VALÉRY)
Les guêpes fleurissent vert. (PAUL ÉLUARD)
[Le hanneton] Un bourgeon tardif s'ouvre et s'envole du marronnier. (JULES RENARD)
Le petit violon d'un moustique s'obstine. (LÉON-PAUL FARGUE)
Dans le ciel, une fleur de fève/Qui tourne et vole et cabriole :/ Papillon. (SABINE SICAUD)
[Le papillon] Allumette volante, sa flamme n'est pas contagieuse (...) Minuscule voilier des airs maltraité par le vent en pétale superfétatoire, il vagabonde au jardin. (FRANCIS PONGE)
[Le ver luisant] Cette goutte de lune dans l'herbe! (JULES RENARD)

[L'escargot] Il se promène dès les beaux jours, mais il ne sait marcher que sur la langue. (JULES RENARD)
L'escadrille des grenouilles/Fait battre ses gorges blanches. (MAURICE FOMBEURE)
Les lézards nous souriaient en contournant notre ombre. (ANDRÉ FRENAUD)

Les saisons et les jours

AUBE

Un invisible oiseau dans l'air pur a chanté.
Le ciel d'aube est d'un bleu suave et velouté.

C'est le premier oiseau qui s'éveille et qui chante.
Écoute! les jardins sont frémissants d'attente.

Écoute! un autre nid s'éveille, un autre nid,
Et c'est un pépiement éperdu qui jaillit.

Qui chanta le premier? Nul ne sait. C'est l'aurore.
Comme un abricot mûr le ciel pâli se dore.

Qui chanta le premier? Qu'importe! On a chanté.
Et c'est un beau matin de l'immortel été!

Cécile Périn

LE SOLEIL

Soleil en terre, tournesol,
Dis-moi qu'as-tu fait de la lune?
Elle est au ciel, moi sur le sol,
Mais nous avons même fortune
Car sur nous-mêmes nous tournons
Comme des fous au cabanon.

Robert Desnos

MATIN

Loin de la ville
Sitôt crépite
La libellule
De linon bleu
C'est le matin

Il fait si doux
Qu'on est heureux.

Léon-Paul Fargue

EN FACE

Au bord du toit
Un nuage danse
Trois gouttes pendent à la gouttière
Trois étoiles
Des diamants
Et vos yeux brillants qui regardent
Le soleil derrière la vitre
Midi

Pierre Reverdy

MIDI

Je regarde midi.
Quand je cligne des yeux,
De grands épis de blé
Descendent du soleil.

Eugène Guillevic

Il y avait de beaux dessins cet après-midi
  Sur le plancher.
Mais quand le soleil est parti,
  Il a tout emporté.
Pourquoi le soleil ne nous laisse-t-il pas
  Ses beaux dessins
  Quand il s'en va?

P.-A. Birot

POUR COMMENCER L'ANNÉE

A l'année nouvelle le printemps est là;
Le printemps est là, mais on ne le voit guère.
A l'année nouvelle le printemps est là;
Le printemps est là, mais on ne le voit pas.

Il était parti, il nous reviendra
Dans quelques semaines ou dans quelques mois...

A l'année nouvelle
Le printemps est là,
Le printemps est là
Pour qui le cherchera.

Luc Decaunes

Pour faire une prairie
Il faut un trèfle et une abeille,
Un trèfle et une abeille,
Et puis la rêverie.
Mais la rêverie peut
Suffire aussi si les abeilles sont trop peu.

Emily Dickinson

LA ROSE

Rose rose, rose blanche,
Rose thé,
J'ai cueilli la rose en branche
Au soleil de l'été.
Rose blanche, rose rose,
Rose d'or,
J'ai cueilli la rose éclose
Et son parfum m'endort.

Robert Desnos

LE GÉRANIUM

Dans un pot un géranium,
Un poisson dans l'aquarium.
Géranium et poisson rouge,
Si tu bouges, si tu bouges,
Tu n'auras pas de rhum,
Géranium, géranium,
Géranium et poisson rouge.

Robert Desnos

LA MARJOLAINE ET LA VERVEINE

La marjolaine et la verveine
La marjoveine et la verlaine
La verjolaine et la marveine
Chez Catherine ma marraine
On fait son lit de marjolaine
Et de verveine.

Robert Desnos

Ouverte était la rose
Avec l'aube levée
De tendre sang si rose
Que fuyait la rosée;
Sur sa tige si chaude
Que le vent s'y brûlait,
Si brillante, si haute!
Elle s'épanouissait.

Federico Garcia Lorca

CHANSON POUR LES ENFANTS L'HIVER

Dans la nuit de l'hiver
Galope un grand homme blanc.
C'est un bonhomme de neige
Avec une pipe en bois,
Un grand bonhomme de neige
Poursuivi par le froid.
Il arrive au village.
Voyant de la lumière
Le voilà rassuré.
Dans une petite maison
Il entre sans frapper,
Et pour se réchauffer
S'assoit sur le poêle rouge.
Et d'un coup disparaît
Ne laissant que sa pipe
Au milieu d'une flaque d'eau
Ne laissant que sa pipe
Et puis son vieux chapeau...

JACQUES PRÉVERT

LES CLOCHES

Noël! Noël!
Des clochetons,
Noël! Noël!
Tous les bourdons
Sautent en chœur jusqu'à la lune,
Noël! Noël!
Il neige doux,
Noël! Noël!
Des anges flous,
Emmitouflés, dans la nuit brune,
Sonne, sonnez, sonne, allez donc,
Mes belles cloches, ding, ding, dong!

MARIE NOËL

AUTOMNE

Les matins sont plus doux,
Les noix brunissent,
La joue des baies se fait plus ronde,
La rose est en voyage.

L'érable porte un foulard plus joyeux,
Et la prairie une robe écarlate.
Pour ne pas être démodée
Je mettrai un bijou.

EMILY DICKINSON

MATIN DE DÉCEMBRE

On s'éveille
du coton dans les oreilles,
une petite angoisse douce
autour du cœur, comme mousse;
C'est la neige,
l'hiver blanc
sur ses semelles de liège
qui nous a surpris, dormant.

GUY-CHARLES CROS

Détesté d'ordinaire,
Que le corbeau lui-même
Est beau les matins de neige!

MATSUO BASHÔ

Oh! la belle aurore
Où le brouillard s'allie
A la neige et à la lune!

SUZUKI MICHIHIKO

Images

DU JOUR...

Les étoiles fondent comme du sucre. (BLAISE CENDRARS)
Six heures tombent de l'horloge/Comme six noix dans un chaudron. (TRISTAN DERÈME)
Les coqs répandent l'aube. (JEAN COCTEAU)
L'aube sculptée de chants de coqs. (SAINT-PAUL-ROUX)
L'aube se passe autour du cou/Un collier de fenêtres. (PAUL ÉLUARD)
Le petit jour vient toucher une tête en son sommeil./(...)/A pas de loup, les couleurs pénètrent par la croisée/Avec leur longue habitude de ne pas faire de bruit. (JULES SUPERVIELLE)
Voici l'aurore et ses millions de rosiers. (ANNA DE NOAILLES)
La poule noire de la nuit/vient encore de pondre une aurore./Salut le blanc, salut le jaune,/Salut le germe qu'on ne voit pas. (RENÉ DAUMAL)
La fenêtre s'ouvre comme une orange/Le beau fruit de la lumière. (GUILLAUME APOLLINAIRE)
Le matin comptait ses oiseaux/Et jamais il ne se trompait. (JULES SUPERVIELLE)
Le ciel où je me lave les yeux tous les matins. (PIERRE REVERDY)
L'air est dans l'air comme une source,/D'humides courants frais serpentent... (ANNA DE NOAILLES)
Tout le plaisir des jours est en leur matinée./Le soir est déjà proche à qui passe midi. (MALHERBE)
Midi, la houle d'or me couvre. (OCTAVIO PAZ)
Le silence bleu et or/Cueille d'invisibles fleurs. (LÉON-PAUL FARGUE)
Comme un beau cygne errant au bassin bleu du ciel,/Le nuage au soleil gonfle ses plumes blanches. (VICTOR HUGO)
Le sourire du ciel me glisse entre les mains. (PIERRE REVERDY)
... Et les grands ciels qui font rêver d'éternité. (CHARLES BAUDELAIRE)
Dans Arle, où sont les Aliscans,/Quand l'ombre est rouge, sous les roses,/Et clair le temps,/Prends garde à la douceur des choses... (PIERRE-JEAN TOULET)
Jour, rondeur du jour/lumineuse orange aux vingt-quatre quartiers/tous traversés d'une même douceur jaune. (OCTAVIO PAZ)

ET DU SOLEIL

Soleil, source de feu, haute merveille ronde,/Soleil, l'âme l'esprit, l'œil, la beauté du monde... (RONSARD)
L'immense fraise du soleil/sur le goulot d'une clairière. (PAUL ÉLUARD)
Vois aux cieux le grand rond de cuivre rouge luire. (TRISTAN CORBIÈRE)
Frais soleil dont je suis la liane. (RENÉ CHAR)
O Soleil bourdonnant, cymbale de lumière,/Fanfare étincelante élan de flûtes d'or.../O masque d'or par où l'éternité regarde.. (ANNA DE NOAILLES)
Soleil cou coupé. (GUILLAUME APOLLINAIRE)
Le soleil pond son œuf d'or et s'éploie sur la mer. (OCTAVIO PAZ)
Et le soleil miroir des roses s'est brisé. (GUILLAUME APOLLINAIRE)
Ma joie est un jardin dont vous êtes la rose,/Énorme soleil d'or, flamme en corolle éclose. (ANNA DE NOAILLES)
Ah! Mille flammes, un feu, la lumière,/Une ombre!.../Le soleil me suit. (PAUL ÉLUARD)

Images

DE LA NUIT

Cette minute subtile où le ciel encore plein d'or brusquement bascule et nous montre en un instant son autre face gorgée d'étoiles luisantes. (ALBERT CAMUS)
Le couchant a jailli comme un vin du pressoir. (RENÉE VIVIEN)
Dans ces soirs solennels de célestes vendanges... (CHARLES BAUDELAIRE)
La forge silencieuse du couchant. (PIERRE REVERDY)
La lumière s'abat./Le jour perd ses pétales. (PIERRE REVERDY)
Le soir ferme sur lui une immense paupière. (PIERRE REVERDY)
Le soleil volait bas, aussi bas que l'oiseau./La nuit les éteignit tous deux. Je les aimais. (RENÉ CHAR)
Déjà la nuit en son parc amassait/Un grand troupeau d'étoiles vagabondes. (JOACHIM DU BELLAY)
J'ouvris, je levai mes yeux et je vis comment la nuit se couvrit d'étoiles. Iles vivantes, bracelets d'îles en flammes, pierres ardentes qui respirent, grappes de pierres vivantes, sources, clartés, chevelure sur une épaule sombre. (OCTAVIO PAZ)
Sur les plages du ciel, la mer a déposé le sel infini des étoiles. (E. ET J. DE GONCOURT)
... la neige éternelle des astres... (STÉPHANE MALLARMÉ)

Sous l'olivier du ciel au feuillage étincelant. (PIERRE MORHANGE)
... ce vivier d'étoiles. (SAINT-EXUPÉRY)
Nos nuits n'étaient qu'un empire d'étoiles. (HENRI BOSCO)
... le fourmillement d'une ruche de lait/Sur la carte du ciel, cela se nomme Voie lactée. (JEAN COCTEAU)
La porte pas plutôt ouverte, voici tout le ciel qui nous saute aux yeux. Un million d'étoiles piquantes, avec la Voie lactée au milieu. (PAUL CLAUDEL)
Le diamant cassé des constellations. (JEAN COCTEAU)
Tout-puissants étrangers, inévitables astres... (PAUL VALÉRY)
Et l'étoile filante/Refusa de filer/Pour pouvoir regarder/Dans le calme d'un lac/L'étoile la plus belle,/Sans savoir que c'est elle. (JULES SUPERVIELLE)
Le crapaud chantait les saphirs nocturnes. (GUILLAUME APOLLINAIRE)
La nuit monte à pas lents dans ce ciel sombre et beau,/Et vient avec la lune ainsi qu'une servante/Vient avec un flambeau. (VICTOR HUGO)
Pleine lune, pleine lune,/... cire de lumière/coulée par de blanches abeilles! (ANTONIO MACHADO)
Chaque rayon de lune est un rayon de miel. (GUILLAUME APOLLINAIRE)
De gros nuages blancs s'approchent de la pleine lune comme des ours d'un gâteau de miel. (JULES RENARD)
La lune sur son cheval jaune galope dans le ciel déchiré. (PAUL CLAUDEL)
A travers le ciel chemine/La lune avec un enfant/Qu'elle emmène par la main. (FEDERICO GARCIA LORCA)
La lune aux mains de neige. (PIERRE EMMANUEL)
Les lucarnes tettent la lune. (LÉON-PAUL FARGUE)
Sur les feuilles, le soir, le vernis de la lune. (JULES RENARD)
Et les cyprès tiennent la lune dans leurs doigts. (PIERRE REVERDY)
Entends-tu marcher la nuit/Sur ses pantoufles de mousse? (NORGE)
... La nuit n'est peut-être que la paupière du jour. (OMAR KAYYAM)
Il ne fait pas nuit sur la terre/L'obscurité rôde, elle erre autour du noir. (JOË BOUSQUET)
Cette obscure clarté qui tombe des étoiles... (PIERRE CORNEILLE)
Des lampes éclatent en fruits lumineux entre les arbres noirs. (PIERRE REVERDY)
Immobile comme un hibou la lampe veille. (GUILLAUME APOLLINAIRE)
Vente le vent et remuent les ormes/Ceux qui s'entr'aiment doucement dorment. (CHANSON DE TOILE, XIIe SIÈCLE)

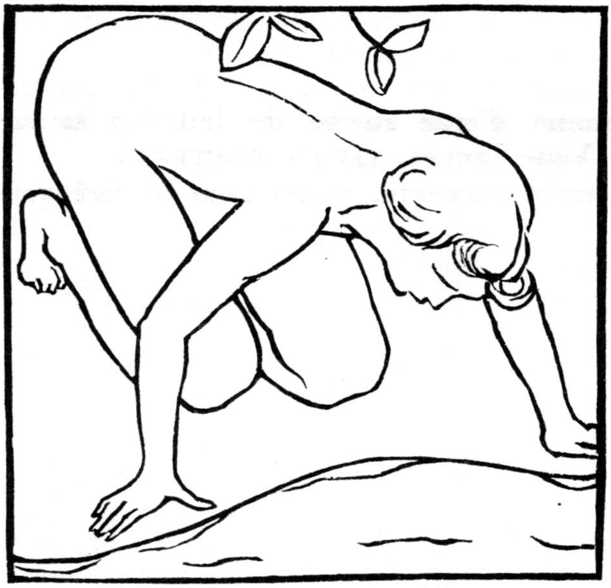

« L'eau, c'est tout différent »

LES QUATRE ÉLÉMENTS

L'air c'est rafraîchissant
Le feu c'est dévorant
La terre c'est tournant
L'eau — c'est tout différent

L'air c'est toujours du vent
Le feu c'est toujours bougeant
La terre c'est toujours virant
L'eau — c'est tout différent

L'air c'est toujours changeant
Le feu c'est toujours mangeant
La terre c'est toujours germant
L'eau — c'est tout différent

Et combien davantage encore ces drôles
d'hommes espèces de vivants
Qui ne se croient jamais dans leur vrai élément.

CLAUDE ROY

LA SOURCE

Tout au long de l'année
Me parle cette source
En janvier enneigée,
En février gelée,
En mars encor boueuse,
En avril chuchotante,
En mai garnie de fleurs,
En juin toute tièdeur,
En juillet endormie,
En août presque tarie,
En septembre chantante,
En octobre dorée,
En novembre frileuse,
En décembre glacée.
C'est toi, petite source,
Le cœur de la forêt!

LOUIS GUILLAUME

LA PLUIE

La pluie tombe infinie. Les horizons s'enfuient. Où vont-ils ces [coteaux,
ces coteaux sous la pluie, qui portent sur leur dos ces forêts qui [s'ennuient?

Où donc est Andely, Andely-le-Petit? Son coteau? son château? [Je les voyais
tantôt. Les horizons s'enfuient. La pluie tombe infinie.

Du côté des forêts, qui donc réapparaît? Ce géant, est-ce lui? [Est-ce
toi, vieux château, qui vas courbant ton dos sous neuf siècles [d'ennui?

La pluie tombe infinie.

PAUL FORT

SOUS LE VIEUX PONT

L'eau, sous le vieux pont,
coule, coule et chante.
L'eau, sous le vieux pont,
berce de son chant
les poissons d'argent.

Max Jacob

Les petits poissons blancs
Ne dirait-on pas tout à fait
L'esprit de l'eau qui court ?

Konishi Raizan

AUTRE CHANSON

Des saules et des peupliers
Bordent la rive.
Entends, contre les vieux piliers
Du pont, l'eau vive!

Elle chante, comme une voix
Jase et s'amuse,
Et puis s'écrase sur le bois
Frais de l'écluse.

Le moulin tourne... Il fait si bon,
Quand tout vous laisse,
S'abandonner, doux vagabond,
Dans l'herbe épaisse!...

Francis Carco

LE LAC ENDORMI

Un sapin, la nuit,
Quand nul ne le voit,
Devient une barque
Sans rames ni bras.
On entend parfois
Quelque clapotis,
Et l'eau s'effarouche
Tout autour de lui.

JULES SUPERVIELLE

LE PÊCHEUR AU SOLEIL

La ligne d'or
danse sur l'eau
de chaque rayon
sort un oiseau.

Pêcheur qui dort
abasourdi
croit que le lac
est plein de nids.

LISE DEHARME

LE RETOUR A LA MER

Usinées
tamisées
usées
rapiécées
égouttées
dégoûtées
les eaux se jettent à l'eau.

JACQUES PRÉVERT

LE COQUILLAGE

Ronfle coquillage
Où l'on entend tout le bruit de la mer
Vague par vague,
Où l'on entend marcher les petits crabes
Où l'on entend mugir le vent amer.

Ronfle coquillage
Ah! je revois tous les bateaux de bois,
Les voiles blanches
Claires comme un matin de beau dimanche,
Ailes de la joie.

Ronfle coquillage!
En toi je retrouve les beaux jours vivants,
Où les mouettes claquaient au vent
Dans un grand ciel bleu gonflé de nuages,
De nuages blancs signe du beau temps!...

Ronfle coquillage

MAURICE FOMBEURE

Images DE L'EAU

L'eau est une flamme mouillée... (NOVALIS)
... l'eau souple et toujours close. (PAUL ÉLUARD)
L'eau, telle une peau/Que nul ne peut blesser. (PAUL ÉLUARD)
Fontaine, ma fontaine, eau froidement présente... (PAUL VALÉRY)
ces eaux dormantes/comme plaques d'étain/où le désert se mire. (GISÈLE PRASSINOS)
L'onde était transparente ainsi qu'aux plus beaux jours. (LA FONTAINE)
Petit ruisseau qui cours après toi-même... (SAINT-AMANT)
L'oreille abandonnée aux mots nus du flot doux. (PAUL VALÉRY)
ce ruisseau minaudant/longue émeraude qui surgit/se donne se reprend. (GISÈLE PRASSINOS)
Dans le ruisseau, il y a une chanson qui coule. (PIERRE REVERDY)
Le long d'un clair ruisseau buvait une colombe. (LA FONTAINE)
Rivière, en toi terre est frisson, soleil anxiété. (RENÉ CHAR)
Dans son sommeil glissant l'eau se suscite un songe/un chuchotis de joncs de roseaux d'herbes lentes... (CLAUDE ROY)
La rivière engourdie par l'odeur de la menthe/dans les draps de son lit se retourne et se couche. (CLAUDE ROY)
Tout le paysage est tombé dans l'eau/Les truites nagent entre les arbres/Les oiseaux glissent sur les vagues/Et les écluses chantent, chantent/Sur ce monde renversé. (MAURICE FOMBEURE)
L'eau courante chantante/mille déjeuners de soleil/Mille fêtes d'innocence/l'insouciance faite ciel... (CLAUDE ROY)
La pluie est une fête,/C'est un feu d'artifice humide que le ciel/Tire de haut en bas en fines gouttelettes,/Et j'y trouve un plaisir à nul autre pareil. (FRANCIS JAMMES)
En un pays mené de biais par les averses... (RENÉ-GUY CADOU)
La pluie aux pieds danseurs, aux longs cheveux... (OCTAVIO PAZ)
Icebergs, Icebergs... Parents des îles, parents des sources, comme je vous vois, comme vous m'êtes familiers... (HENRI MICHAUX)
Au Chili dansent les cerises/chantent les fillettes obscures/et dans les guitares l'eau brille. (PABLO NERUDA)

Images
DE LA MER

La mer, la mer immense, tumultueuse et verte. (CHARLES BAUDELAIRE)
Océan : Ciel à l'envers... (SAINT-POL-ROUX)
La mer est le ciel des poissons. (JEAN COCTEAU)
La mer est de la nuit liquide qui rugit. (VICTOR HUGO)
Le rire infini des flots marins. (ESCHYLE)
Et puis la murmurante et triste mer qui songe. (PAUL VALÉRY)
L'inconsolable mer se débat enchaînée. (THÉODORE DE BANVILLE)
Je suis l'écharpe bleue entourant la peau brune/Du monde... (PIERRE LOÜYS)
Mille coqs traçaient de leurs chants/Les frontières de la campagne/Mais les vagues de l'océan/Hésitaient entre vingt rivages. (JULES SUPERVIELLE)
Mille colombes se sont levées/Pour accomplir l'horizon marin. (ANDRÉ FRENAUD)
Sous le ciel grand ouvert/La mer ferme ses ailes. (PAUL ÉLUARD)
La mer dans un coin du globe compte, recompte ses vagues/Et prétend en avoir plus qu'il n'est d'étoiles au ciel. (JULES SUPERVIELLE)
... Cependant que l'océan/Toujours change de pelage. (JULES SUPERVIELLE)
La mer, comme le tigre, a sous le ciel profond, une peau de lumière avec des taches d'ombre. (VICTOR HUGO)
Voici la folle mer qui brise au bord ses coupes./Son champagne tonnant inonde le rocher. (JEAN COCTEAU)
... vers les premiers rochers que la mer suce avec un bruit de baisers. (ALBERT CAMUS)
... Quand l'ombre est violette et que la mer est rose. (ANNA DE NOAILLES)
Les flots sans se lasser vannent des sacs d'étoiles. (PIERRE REVERDY)
La mer dort.../Et dort le vent./ — Qui va veiller sur l'eau/pour que ne la dérobe le Temps? (EMILIO PRADOS)
Tout un vol de vaisseaux en fuite dans le vent. (VICTOR HUGO)
C'est une île.../Belle comme une épave du Paradis. (SHELLEY)
Mon oreille est un coquillage/Qui aime les bruits de la mer. (JEAN COCTEAU)
Et tout l'Océan chante au fond d'un coquillage. (JEAN RICHEPIN)
Et je noue un ruban aux cheveux de la mer (ROUBEN MELIK)

Table des illustrations

Notices

PIERRE ALBERT-BIROT (Angoulême, 1876 - Paris, 1967)
Ami des peintres et des poètes d'avant 1914 — dont Apollinaire — il joua un rôle essentiel dans le développement du Cubisme et du Futurisme, ainsi que dans la préparation du mouvement surréaliste, à quoi contribua la revue *Sic* (1916-1919) qu'il fonda et dirigea. Poète (il composa des calligrammes en même temps qu'Apollinaire), peintre, sculpteur, dramaturge, il est surtout l'auteur de *Grabinoulor* (1933), sorte d' « épopée-journal-poème en prose ». Son œuvre poétique a été partiellement réunie en volume : *Poésie (*1916-1924*).*

GUILLAUME APOLLINAIRE (Rome, 1880 - Paris, 1918)
De son véritable nom Kostrowitzky. Il vient à Paris à dix-neuf ans, et y connaît la bohème littéraire. Il séjourne ensuite en Hollande, en Allemagne rhénane, en Bavière. De retour en France, il fréquente les peintres cubistes et fait du journalisme. Engagé volontaire en 1914, blessé à la tête en 1916, puis trépané, il meurt de la grippe espagnole. Il a groupé sous le titre d'*Alcools* les poèmes de 1898 à 1913, sous le titre de *Calligrammes* ceux de 1913 à 1916. Parmi les recueils posthumes, citons : *Ombre de mon Amour* et *Le Guetteur mélancolique.* Il est également l'auteur de contes et récits, de chroniques, de pièces de théâtre.

ANDRÉ BAY (1916)
Romancier *(L'École des vacances, La Fonte des neiges, La Carte du Tendre...),* critique littéraire, il a publié un recueil de *Comptines et poésies choisies pour les enfants.* Il est l'auteur d'une *Histoire de la littérature enfantine* (in *Histoire des Littératures*, Bibl. de la Pléiade, tome 3).

LUC BÉRIMONT (Magnac-sur-Touvre, Charente, 1915 - Amblaincourt, Yvelines, 1983)
De son véritable nom André Leclercq. Il a publié ses premiers vers ronéotypés en 1940, alors qu'il était mobilisé. Il appartint, avec Jean Rousselot, Michel Manoll, Lucien Becker à l'École de Rochefort-sur-Loire (Maine-et-Loire), fondée en 1941 par Jean Bouhier et René-Guy Cadou. Producteur d'émissions radiophoniques (« La Fine Fleur »), romancier, il est surtout poète *(Lyre à feu ; La Huche à pain ; Les Mots germent la nuit ; Le grand Viager ; L'Herbe à Tonnerre...).* Et, pour les enfants : *Comptines pour les enfants d'ici et les canards sauvages* (1974), *L'esprit d'enfance.*

ALAIN BOSQUET (Odessa, U.R.S.S., 1919)
De son véritable nom Anatole Bisk, Alain Bosquet passa sa jeunesse en Belgique, devint secrétaire de rédaction à New York (1941-1942) puis appartint au G.Q.G. allié en Angleterre (1943-1945). Il prit part aux batailles de France et d'Allemagne. On lui doit des romans, de nombreuses études critiques, des traductions de poètes anglo-saxons, des recueils de poèmes *(A la mémoire de ma planète, Quel royaume oublié?, Quatre Testaments et autres poèmes, Cent notes pour une solitude, Notes pour un amour, Poèmes, un* (1979) et, pour les enfants : *Le cheval applaudit). Verbe et Vertige,* paru en 1961, est un essai sur la poésie.

René-Guy Cadou (Sainte-Reine-de-Bretagne, Loire-Atlantique, 1920 - Louisfert, Loire-Atlantique, 1951)
Fils d'un instituteur de campagne, il deviendra lui-même instituteur (à Mauves-sur-Loire, 1940, puis en divers postes de Loire-Atlantique dont, pour finir, Louisfert où il mourra à trente et un ans). Il laisse une trentaine de recueils et de plaquettes (*Brancardiers de l'aube*, 1937, *Morte-saison*, *Bruits du cœur*, *La Vie rêvée*, *Hélène ou le règne végétal* qui lui fut inspiré par Hélène, rencontrée en 1943, *Les Biens de ce monde*...). S'y ajoutent des essais sur Apollinaire, Max Jacob — dont il fut l'ami, ainsi qu'un roman : *La Maison d'été*. Il fonda, avec Jean Bouhier, l'École de Rochefort en 1941.

Francis Carco (Nouméa, Nouvelle Calédonie, 1886 - Paris, 1958)
La poésie de Francis Carco (pseudonyme de François Carcopino-Tusoli) fut d'abord intimiste. Puis, dès 1911, Carco forme avec quelques amis le groupe des poètes « fantaisistes », auquel appartiennent P.-J. Toulet et Tristan Derème. Son premier recueil, *La Bohème et mon cœur*, parut en 1912. Romancier célèbre *(Jésus-la-Caille, L'Équipe, L'Homme traqué...)*, Carco est aussi le biographe d'écrivains qu'il aimait : Villon, Verlaine, Nerval..., ainsi que du peintre Utrillo, lié à ce Montmartre où Carco vécut longtemps.

Maurice Carême (Wavre, Brabant, 1899 - Bruxelles, 1978)
Né dans une humble famille, il entre à l'École Normale et devient instituteur — à Anderlecht — à la fin de la Grande Guerre. Jusqu'à l'âge de quarante-trois ans, il poursuit sa double activité d'enseignant et de poète, puis il quitte définitivement l'enseignement pour se consacrer à son œuvre. De celle-ci, très abondante, il faut citer entre autres : *Mère*, *Femme*, *La Lanterne magique*, *La Maison blanche*, *Volière*, *Le Voleur d'étincelles*, *Pigeon vole*, *L'Oiseleur*, *La Cage aux grillons*, *La Grange bleue*... Maurice Carême avait reçu le Grand Prix International de poésie en 1968; il fut couronné « Prince de la poésie » en 1972. Nombre de ses poèmes ont été traduits; certains furent mis en musique par Darius Milhaud, Francis Poulenc, etc.

Lewis Carroll (Daresbury, Cheshire, 1832 - Guildford, Surrey, 1898)
Mathématicien et logicien, professeur à Oxford jusqu'en 1881, et par ailleurs ordonné diacre, Lewis Carroll (de son véritable nom Charles Lutwidge Dodgson) signa plusieurs œuvres scientifiques. Mais ce sont les œuvres qu'il écrivit pour les enfants qui le rendirent célèbre. Il débuta en 1865 par *Alice au Pays des Merveilles*, composé à la demande de sa très jeune amie Alice Liddell. Puis ce furent, en 1872, *Alice à travers le Miroir*; en 1876, *La Chasse au Snark*, poème humoristique; en 1889, *Sylvie et Bruno* et, en 1893, *Suite de Sylvie et Bruno*.

Andrée Chédid, contemporaine
D'origine libanaise, de nationalité égyptienne, mais d'expression française, Andrée Chédid publie son premier recueil au Caire en 1943. Elle est l'auteur de romans, d'essais, de pièces de théâtre, de nouvelles et de textes lyriques : *Terre et Poésie*, *Terre regardée*, *Textes pour le Vivant*, *Textes pour la Terre aimée*, *Seul le Visage*, *Double pays*... Son recueil *Fêtes et Lubies* (1973) fut composé pour les enfants.

Andrée Clair, contemporaine
Licenciée es lettres. Assistante d'ethnologie à l'Institut français d'Afrique Noire à Brazzaville, puis chargée de mission culturelle à la Présidence de la République du Niger jusqu'en 1974, Andrée Clair connaît très bien l'Afrique Noire francophone. Elle est l'auteur de poèmes, contes, nouvelles, romans. Parmi ses œuvres les plus notoires, citons : *Moudaïna ou deux enfants au cœur de l'Afrique* et *Le Babiroussa et les autres*, poèmes, 1966.

Les Comptines
On ignore l'origine du mot, apparu au début du XXe siècle. « Les comptines sont employées, avant le jeu, pour désigner, par la scansion des syllabes bien détachées, celui ou celle qui doit subir la corvée, assumer le premier rôle ou le rôle ingrat, commencer le jeu, « être le chat », « s'y coller ». (Jean Baucomont, *Comptines de langue française*, Seghers.) Ce sont donc des formulettes d'élimination, de thèmes très variés : comptines numériques, comptines se rapportant à des êtres humains, à des animaux, à des objets, comptines renfermant des allusions historiques, religieuses, politiques ou magiques...

Charles Cros (Fabrezan, Aude, 1842 - Paris, 1888)
Bachelier à quatorze ans, Charles Cros fit des recherches sur l'électricité, l'optique, l'acoustique. Il avait mis au point l'ancêtre du phonographe quand Edison présenta, en 1878, sa propre invention. On lui doit encore la description d'un procédé de photographie en couleurs. Jusqu'à sa mort, il poursuit, de pair, travaux scientifiques et activité littéraire. Par ses recueils de poèmes (*Le Coffret de Santal*, 1873, *Le Fleuve*, *Le Collier de griffes*), il se trouve mêlé à l'histoire du Parnasse et du Symbolisme. Les Surréalistes verront en lui un précurseur.

Guy-Charles Cros (1879-1956)
Ce poète, fils du précédent, a publié entre autres : *Le Soir et le Silence*, *Les Fêtes quotidiennes*, *Avec des mots*.

Luc Decaunes (Marseille, Bouches-du-Rhône, 1913)
Instituteur, puis reporter, Luc Decaunes crée en 1935 la revue *Soutes ;* il publie en 1938 son premier recueil : *L'Indicatif présent ou l'infirme tel qu'il est.* De retour de captivité, il enseigne, est journaliste, critique littéraire. Il publie alors *L'Air natal* (1944), *Poèmes militants*, *Droit de regard*. A partir de 1953, il travaille à la radio, puis à l'Institut pédagogique national. Il collabore ensuite au Théâtre de l'Est Parisien tout en poursuivant son activité de poète : *Raisons ardentes* (1963), *Haute Provence*, *Récréations*, *Chansons pour un Bichon* (1979), à quoi s'ajoutent de nombreuses anthologies poétiques.

Lise Deharme, contemporaine
De son véritable nom Anne-Marie Hirtz, elle publia des romans et des recueils de poèmes influencés par le Surréalisme (*Images dans le dos du cocher*, *Carole ou ce qui plaît aux filles*, *Farouche à quatre feuilles*, ce dernier en collaboration avec André Breton, Julien Gracq et Jean Tardieu).

Tristan Derème (1889-1942)
Philippe Huc, dit Tristan Derème, écrivit à l'instar de son ami Pierre-Jean Toulet, des poèmes d'inspiration fantaisiste (*La Verdure dorée*, 1922; *Le Zodiaque ou les Étoiles sur Paris...*), ainsi que plusieurs recueils de chroniques mêlées de vers *(L'Escargot bleu, L'Onagre orangé...)*. Il est encore l'auteur d'un livre pour enfants : *Patachou, petit garçon.*

Robert Desnos (Paris, 1900 - Camp de Terezina, Tchécoslovaquie, 1945)
Après des études médiocres, il est commis chez un droguiste. Ses premiers poèmes datent de 1918. Quatre ans plus tard, il entre dans l'équipe surréaliste de « Littérature » et devient le principal animateur des expériences du « laboratoire de recherches surréalistes ». Après sa rupture avec Breton et le mouvement surréaliste, en 1930, il se livre jusqu'à la guerre à des activités diverses dans le journalisme, le cinéma et la radio. Il participe de 1940 à 1944 à la Résistance, est déporté à la fin de l'occupation et meurt du typhus dans le camp où on l'avait interné. Il avait publié *La Liberté ou l'Amour* en 1927, *Corps et Biens*

en 1930. Après sa mort, parurent les *Chantefleurs et Chantefables* écrites peu de temps avant son arrestation par la Gestapo en 1945, ainsi que l'important recueil *Domaine public* (1953).

EMILY DICKINSON (Amherst, Massachusetts, 1830-1886)
Cette poétesse américaine reçut une éducation extrêmement rigide. Toute sa vie, volontairement recluse dans la maison natale, elle ne communiqua avec l'extérieur que par le biais de la correspondance qu'elle entretint avec son directeur de conscience et un critique littéraire. Elle mourut sans avoir pratiquement rien publié. Bien qu'elle ait été découverte vers 1920, il fallut attendre 1945 pour qu'une bonne partie des 1 500 poèmes brefs qu'elle laissait, sur de petits bouts de papier, voient le jour.

PAUL ÉLUARD (Saint-Denis, Seine, 1895 - Paris, 1952)
De son véritable nom Eugène Grindel. Il passe deux années au sanatorium de Davos. Mobilisé en 1915, il publie en 1917 *Le Devoir et l'Inquiétude*. Il appartient jusqu'en 1938 au Surréalisme. Il donne *Capitale de la douleur* (1926) puis *Les Yeux fertiles, Cours Naturel, Chanson complète* (1939). De retour à Paris après l'exode, il publie *Le Livre ouvert* (1942), écrit des poèmes de résistance sous l'occupation allemande *(Poésie et Vérité 1942)*. Il participe activement à la résistance des intellectuels. Un deuil cruel lui inspire *Corps mémorable* (1947). *Le Phénix* (1950) est son dernier recueil important.

LÉON-PAUL FARGUE (Paris 1876-1947)
Après avoir hésité entre l'École Normale et la peinture, il opte pour la poésie et publie ses premiers vers en revues. (Ils seront recueillis dans *Pour la Musique* et *Poèmes*.) Ayant échoué dans sa tentative pour sauver la fabrique de céramique paternelle, il choisit la vie de bohème noctambule, de « piéton de Paris », qu'il poursuivra jusqu'à ce qu'une attaque d'hémiplégie le contraigne à l'immobilité (1943). Ami de peintres, de musiciens, d'hommes de lettres, on lui doit de multiples chroniques et livres de souvenirs *(Sous la Lampe, Suite familière, Espaces, Déjeuners de Soleil...)*.

MAURICE FOMBEURE (Jardres, Vienne, 1906 - Paris 1981)
Son enfance se passe à Bonneuil-Matours, en Poitou. Il entre à l'École Normale d'Instituteurs de Poitiers en 1922; à l'École Normale Supérieure de Saint-Cloud en 1929. Il enseignera à Mirecourt (Vosges), à Arras, Saint-Germain-en-Laye, Auteuil et enfin Paris où il s'est installé en 1937. Son premier recueil, *Silences sur le Toit* (1930), sera suivi de maints autres parmi lesquels *A dos d'oiseau, Arentelles, Aux créneaux de la pluie, Pendant que vous dormez, A chat petit...* Auteur également de souvenirs *(La Rivière aux oies, Les Godillots sont lourds)*, il reçut le Grand Prix littéraire de la Ville de Paris (1958) et le Grand Prix international de poésie (1967).

PAUL FORT (Reims 1872 - Montlhéry 1960)
Élève du lycée Louis-le-Grand, il se mêle aux poètes symbolistes et, à dix-huit ans, fonde le « Théâtre d'Art » qui deviendra le « Théâtre de l'Œuvre ». Sa première plaquette, *Plusieurs Choses*, date de 1894. En 1896-1897, il publie les trois premiers volumes des *Ballades françaises* — et c'est sous ce titre général que tous ses recueils paraîtront désormais. (L'édition complète, commencée en 1922, s'achèvera en 1958 avec le tome XVII.)
Il s'installe en 1910 à Montmartre qu'il quitte pour des tournées de conférences à Moscou et en Amérique du Sud. Il est élu en 1912 Prince des Poètes. Il a raconté sa vie dans *Mes Mémoires* (1944).

ARMAND GOT (Bergerac, 1890 - Brantôme, 1976)
Instituteur, Armand Got est bientôt chargé de diriger la bibliothèque pédagogique de la Gironde, poste qu'il occupera jusqu'à sa retraite. Fin lettré, membre de maintes sociétés littéraires, directeur de la revue « La Renaissance Provinciale », critique, essayiste, il ne cessa de défendre les lettres d'Aquitaine, sa terre de prédilection.
Poète mineur — ce qu'il reconnaissait avec beaucoup d'esprit —, il fut essentiellement un anthologiste. Tous ceux qui, depuis un demi-siècle, ont rassemblé des poèmes pour les enfants lui doivent, même s'ils n'avouèrent pas toujours leur dette. Il fut en effet le premier à introduire délibérément la poésie contemporaine à l'école primaire, de *La Poèmeraie* en dix cahiers (1927) à *Pin Pon d'Or* en passant par *L'Arc en fleur* (1933).

LOUIS GUILLAUME (Paris, 1907-1971)
Son enfance se passe en partie dans l'île de Bréhat. Il entre à l'École Normale d'Instituteurs de Paris. Jeune instituteur, il publie son premier recueil : *Sônes d'Armor* (1928). Il va alors poursuivre parallèlement sa carrière d'enseignant — qui s'achève en 1948 comme directeur d'école dans le IVe arrondissement de Paris — et celle d'écrivain. (*Noir comme la mer*, 1951, obtint le prix Max Jacob.) Louis Guillaume est aussi l'auteur d'un important Journal encore inédit.

EUGÈNE GUILLEVIC (Carnac, Morbihan, 1907)
Guillevic est né d'un père marin qui deviendra gendarme — et c'est ainsi que l'enfant se retrouve en 1919 en Alsace. La carrière administrative de Guillevic s'est déroulée en tant que receveur de l'enregistrement (à Rocroi, Charleville), puis au ministère des Finances (1935) et à celui de la Reconstruction (1945-1947). De 1945 à 1966, Guillevic fait maints voyages, principalement dans les pays de l'Est. Parmi ses nombreux recueils, mentionnons : *Requiem* (1938), *Terraqué* (1942), *Exécutoire, Gagner, Terre à Bonheur, Avec, Euclidiennes, Ville, Paroi, Inclus, Du Domaine, Etier, Trouées*... Et, pour les enfants : *Babiolettes.*

VICTOR HUGO (Besançon, 1802 - Paris, 1885)
Victor Hugo est né d'un père capitaine puis général de l'Empire qu'il accompagne en 1811-1812 en Espagne. Il est ensuite élève du lycée Louis-le-Grand; il est élu en 1820 « maître des jeux floraux » de Toulouse. Il publie *Les Odes* en 1822, *Les Orientales* (1829), *Les Feuilles d'automne, Les Chants du crépuscule, Les Rayons et les Ombres* (1840) — Membre de l'Assemblée législative (1849), le coup d'État du 2 décembre le contraint à se réfugier en Belgique puis dans les îles anglo-normandes. Il publie *Les Châtiments* (1853), *Les Contemplations* (1856) — *La Légende des Siècles* (1859-1883). Rentré à Paris à la chute du Second Empire, il publie encore *L'Année Terrible, L'Art d'être grand-père*... La France fait au grand poète, chef de file du mouvement romantique, des funérailles nationales.

MAX JACOB (Quimper, 1876 - Camp de Drancy, 1944)
Venu de Quimper à Paris vers 1890, il renonce à poursuivre ses études et opte pour la vie de bohème, s'efforçant de subsister grâce à de petits métiers (critique d'art, secrétaire, précepteur...). Entre 1901 et 1909, il fait partie de « la bande à Picasso » et participe à la naissance du Cubisme. Son mysticisme le conduit à quitter Paris pour s'installer, en 1921, près de l'abbaye de Saint-Benoît-sur-Loire. Juif, il est inquiété dès 1941 par les Allemands. Finalement déporté au camp de Drancy, il y meurt quelques jours après.
Son œuvre, très abondante, comprend des recueils de poèmes : *Œuvres burlesques et mystiques de frère Matorel* (1912), *Le Cornet à dés* (1917), *Le Laboratoire central* (1921), *Poèmes de Morven-le-Gaëlique* (1953), ainsi que des romans, contes, récits, *Méditations religieuses* et une imposante correspondance.

FRÉDÉRIC KIESEL (Arlon, Belgique, 1923)
D'abord avocat, Frédéric Kiesel occupe d'importantes fonctions dans un journal bruxellois. Poète de *Ce que le jour m'avait donné, Le Cadran solaire, Pâques sauvages...*, il est également l'auteur d'ouvrages politiques, d'essais et de pièces de théâtre.

ALPHONSE DE LAMARTINE (Mâcon, 1790 - Paris, 1869)
Lamartine passe son enfance à Milly, y revient après avoir fait ses études, puis part pour l'Italie. Il vient à Paris après Waterloo et fait paraître en 1820 *Les Méditations* dont le succès est inouï. Il fait ensuite divers séjours en Angleterre et en Italie, donne *Les Nouvelles Méditations* (1823) et *Les Harmonies* (1830). Pendant son voyage en Orient (1833) il est élu député. (Il va siéger à la Chambre jusqu'en 1851.) Il publie *Jocelyn, Les Recueillements poétiques, Graziella, L'Histoire des Girondins.* En 1848, il organise avec Ledru-Rollin le gouvernement provisoire. Mais sa popularité, un moment immense, s'effondre rapidement; il n'est pas élu à la présidence de la République. Après le coup d'État de 1851, il quitte la vie politique. Sa vieillesse est triste et difficile. Jusqu'à sa mort, il sera un « galérien de la plume » écrivant et publiant pour pouvoir vivre.

EDWARD LEAR (Londres, 1812 - San Remo, Italie 1888)
« Né le 12 mai 1812, à Highgate, dans la banlieue nord de Londres, Edward Lear se fit d'abord connaître par son talent de peintre paysagiste et animalier. C'est en 1846 que la publication du premier de ses « Books of Nonsense » (Livres d'Inepties), composé quelque dix ans plus tôt à l'intention des enfants de son protecteur le comte de Derby, lui valut, en tant qu'humoriste, une célébrité considérablement accrue. » (Note du traducteur Henri Parisot.)
A cet inventeur des « limericks », forme de poèmes typiquement anglais, on doit, outre *Le Premier Livre de Nonsense* (1846) et *Chansons de Nonsense* (1871), *Des Lyriques pour rire* (1877) ainsi que plusieurs œuvres sur les villes méditerranéennes. (Libéré des soucis matériels par le succès de ses livres, il s'était fixé à Rome, voyageant et peignant.)

MADELEINE LEY (Anvers, 1901 - Namur, 1981)
Madeleine Ley, qui devint Mme Lucien Wybauw publia d'abord des poèmes, *Petites voix* (1930) que suivirent des romans (*Olivia* et *Le grand feu*) et des récits pour les enfants : *L'enfant dans la forêt* (1933) et *La nuit de la Saint Sylvain* (1936). Malade, elle interrompit son activité littéraire dès 1940 après avoir donné un second recueil de poèmes : *La Maison du Ciel.* Elle avait obtenu en 1931 le Prix de la Littérature enfantine.

GEO LIBBRECHT (Tournai, Belgique, 1891 - Bruxelles, 1979)
Georges Libbrecht devient docteur en droit à l'université de Bruxelles et, après la Grande Guerre qu'il fait comme simple soldat, il part pour le Brésil défricher la forêt. C'est l'échec. A son retour, il s'occupe d'assurances et là, la réussite est totale. « Néo-surréaliste », il se consacre à la poésie à partir de 47 ans. Il est membre de l'Académie royale de Belgique. Parmi ses nombreux recueils : *Passages à gué* (1937), *Ma Sœur pour l'éternité, Mon orgue de Barbarie, Marche de nuit, Frontières du Vent, Trois longs couloirs du château, Poésies 1937-1962...*

FEDERICO GARCIA LORCA (Fuentevaqueros, Grenade, 1899 - Grenade, 1936)
Né dans une famille bourgeoise, libérale et aisée, de la province de Grenade, Federico Garcia Lorca se montre vite doué pour tous les arts : musique, dessin, peinture... En 1935, il fonde « La Baraca », troupe théâtrale qui va faire connaître les classiques dans les petites villes espagnoles. Très vite, il est considéré comme un maître par les jeunes poètes de son pays (*Livre de poèmes* (1921), *Chants* (1927), *Romancero gitan* (1928), *Poème du Cante jondo* (1931)...) Mais son œuvre

dramatique, en vers ou en prose, n'a pas peu fait pour assurer sa gloire (*Noces de sang* (1933), *Yerma* (1934), *Dona Rosita, La Maison de Bernarda...*). Il meurt fusillé par les gardes civils à Grenade, au début de la Guerre civile, bien qu'il se soit abstenu de toute activité politique.

PIERRE MENANTEAU (Le Boupère, Vendée, 1895)
Fils d'instituteur, il entre à l'École normale de La Roche-sur-Yon. Il fait la Grande Guerre comme fantassin de 2e classe. La paix revenue, il est successivement professeur d'École normale, inspecteur primaire en diverses villes de province, directeur d'École normale, inspecteur primaire à Paris (1945). On lui doit maints recueils (*Ce joli temps de demoiselle, L'Arbre et la Maison, Le Cheval de l'Aube, De Chair et de Feuille...*), dont certains composés pour les enfants (*Bestiaire..., Herbier..., Légendaire pour un enfant poète, Chansons venues par la fenêtre, Au rendez-vous de l'arc-en-ciel...*). Il est aussi, avec Georges Bouquet, l'auteur d'anthologies pour l'école primaire qui firent date : *Trésor de la Poésie française, Trésor des rondes et des berceuses.*

GABRIELA MISTRAL (Vicuña, Chili, 1889 - New York, 1957)
De son véritable nom Lucila Godoy. Institutrice-adjointe à quinze ans, elle devient en 1911 professeur jusqu'à ce que le gouvernement chilien l'envoie, en 1926, le représenter à l'Institut de Coopération intellectuelle de la Société des Nations. Elle sera ensuite consul en Italie puis en Espagne. Ses premiers vers, recueillis en 1922, l'ont rendue célèbre. Elle voyage au Mexique, en Amérique latine, aux États-Unis où elle donne des conférences. Elle publie *Désolation* (1922), *Ternura* (1924), *Tala* (1938), *Lagar* (1954). Prix Nobel en 1945, son œuvre paraît l'année suivante en français, préfacée par Paul Valéry. Le gouvernement lui fait des funérailles nationales.

MARIE NOËL (Auxerre, 1883-1967)
De son véritable nom Marie Rouget. Elle fait au lycée des études solides sous la direction de son père, professeur de philosophie. Alors que ses parents n'auront que défiance pour ses dons poétiques, son parrain pressent son génie et l'encourage. En 1920, au terme d'une dépression nerveuse grave, elle publie *Les Chansons et les Heures*. Son inspiration prend alors un tour religieux qu'elle ne cessera plus d'avoir. Dédaigneuse de la vie littéraire, la poétesse ne quittera pratiquement pas sa maison d'Auxerre, sise tout près de la cathédrale. Ce n'est qu'en 1947, avec *Chants et Psaumes d'automne*, qu'elle commence à être connue d'un assez large public. En 1966, le Grand Prix littéraire de la Ville de Paris couronnera une œuvre qui comprend encore *Chants d'arrière-saison* (1961), des *Notes intimes*, un miracle dramatique : *Le Jugement de don Juan*, des contes : *Le Voyage de Noël et autres contes*, des souvenirs d'enfance : *Petit Jour*.

NORGE (Bruxelles, 1898)
Georges Mogin, qui signera Geo Norge puis Norge, est d'une famille d'origine française. (Par parenthèse, il est père du poète et dramaturge Jean Mogin qui a épousé la poétesse française Lucienne Desnoues.) Il publie en 1923 ses premiers poèmes et ses premiers articles (*27 Poèmes incertains*). Il est le fondateur du Théâtre du Groupe libre (1925), du « Journal des Poètes », des « Cahiers blancs ». Installé depuis 1954 à Saint-Paul-de-Vence, il reçoit en 1959 le Prix triennal de poésie pour *Les Oignons* et, dix ans après, L'Aigle d'or de la poésie au Ier Festival international du livre, à Nice. Parmi ses recueils : *L'Imagier* (1942), *Les Râpes, Les Oignons, Les quatre Vérités, Le Vin profond, Les Cerveaux brûlés, Les Oignons et caetera* (1971). *Œuvres poétiques 1923-1973*, paru en 1978, les réunit en un volume. Depuis 1973, Norge a publié d'autres recueils dont, pour les enfants : *Mirlitons* et *Le canard de ma tante* (1982).

René De Obaldia (Hong-Kong, 1918)
Né d'un père panaméen et d'une mère française, il fait ses études à Paris au lycée Condorcet. Il est, de 1940 à 1945, prisonnier en Silésie. De retour en France, il collabore à des revues et publie, en 1952, *Les Richesses naturelles*. Il est ensuite (1952-1954) directeur adjoint du Centre culturel international de Royaumont. *Fugue à Waterloo* lui vaut le Grand Prix de l'Humour noir (1956). En 1960, c'est la création de *Génousie ;* en 1965, celle de *Du Vent dans les branches de Sassafras*. Son recueil de poèmes *Innocentines* a paru en 1969.

Henri Parisot (Paris, 1908-1979)
Lié dès 1930 avec les surréalistes (Char, Breton, Éluard, Max Ernst), Henri Parisot fonda et dirigea des revues littéraires ainsi que la collection de « L'Age d'Or », publia des anthologies telles que *Les Poètes hallucinés* ou *Le Rire des Poètes*, et fut l'admirable traducteur de Nathaniel Hawthorne, Edward Lear et surtout de Lewis Carroll. Il sut trouver, aux vers de ces deux derniers auteurs, des équivalents qui sont d'un poète authentique.

Louisa Paulin (Réalmont en Albigeois, 1888-1944)
Louisa Paulin fut professeur d'École primaire supérieure à Albi, Tulle (pendant dix-huit ans), puis en 1930 de nouveau à Albi. Sa santé, très ébranlée, lui fit quitter l'enseignement dès 1932. Ses dernières années furent assombries par un mal mystérieux doublé de cécité.
Elle avait publié, à partir de 1928, des contes et des essais dans « La Vie Limousine ». En 1936 paraît *Fragments d'une Symphonie d'automne* puis, deux ans plus tard, *Airs villageois*. Louisa Paulin découvre alors l'occitan et compose en cette langue *Sorgas* (1940), *Fresca*, *Terre Nostra*, *Montségur*. L'essentiel de l'œuvre poétique fut réuni en 1947 sous le titre de *Rythmes et Cadences*, puis en 1969 parut l'édition plus complète des *Poésies*.

Cécile Périn (Reims, 1877 - Nice, 1959)
Son premier livre (*Vivre*, 1906) est suivi d'une vingtaine d'autres, à quoi s'ajoutent de multiples collaborations aux journaux et revues. Poète intimiste, elle chante l'époux et les enfants *(Les Ombres heureuses, Regards vers l'Ombre...)*, la nature *(La Coupe)*, cependant que la Grande Guerre lui inspire les beaux poèmes des *Captives*. Veuve du poète Georges Périn, elle se remaria avec un peintre, Daniel Réal. Elle mourut des suites d'un accident d'automobile.

Gisèle Prassinos (Istanbul, 1920)
Cette poétesse et romancière française n'avait pas quinze ans quand elle publia ses premiers textes dans la revue *Le Minotaure* (Hiver 1935). Parmi ses recueils, citons *La Sauterelle arthritique*, *Facilité crépusculaire*, *Le Feu maniaque* (1939), *Le Rêve* (1947-1950), *Les Mots endormis* (1967), *La vie la voix* (1971), *Le ciel et la terre se marient* (1980), auxquels s'ajoutent des contes, des récits, ainsi que des romans : *Le Temps n'est rien*, *La Voyageuse*.

Jacques Prévert (Neuilly-sur-Seine, 1900 — Omonville-la-Petite, Manche, 1977)
Après divers emplois (dans un grand magasin, à l'Argus de la Presse), Jacques Prévert travaille, à partir de 1928, pour le cinéma. En 1925 il a rencontré André Breton (dont il se séparera en 1930) et il fait partie du groupe surréaliste. En 1932, il s'intègre au Groupe Octobre qui s'est constitué pour un « théâtre de choc », « social », et il écrit des textes à son intention. Cette même année, il écrit le scénario de son premier film : *L'Affaire est dans le sac*, que suivront les scénarios et dialogues de *Drôle de drame*, *Quai des Brumes*, *Le Jour se lève*, *Remorques*, *Les Visiteurs du soir*, *Les Enfants du Paradis*, *Les Portes de la Nuit*... le plus souvent tournés par Marcel Carné.

Paroles, qui rassemble en 1946 les poèmes publiés en revues, obtient un énorme succès. De nombreux recueils ont suivi, parmi lesquels *Histoires*, *Spectacle*, *La Pluie et le beau temps*, *Fatras*, *Choses et autres...*

RAYMOND QUENEAU (Le Havre, 1903 - Paris, 1976)
Après des études secondaires au Havre, il vient à Paris en 1920 et fait une licence de philosophie à la Sorbonne. Entré au groupe surréaliste, il collabore à « La Révolution surréaliste ». Après son service militaire, il est employé de banque puis professeur (1928). Il rompt l'année d'après avec Breton. Membre du comité de lecture des Éditions Gallimard, il deviendra secrétaire général de celles-ci, créant et dirigeant « L'Encyclopédie de la Pléiade ». Membre de l'académie Goncourt (1951), il reçoit en 1959 le Prix de l'humour noir pour *Zazie dans le Métro*. Romancier, poète de *Chêne et Chien*, *L'Instant fatal*, *Si tu t'imagines*, *Le Chien à la Mandoline...*, on lui doit encore des essais, des dialogues de films et de nombreuses chansons.

CHARLES-FERDINAND RAMUZ (Lausanne, 1878 - Pully près de Lausanne, 1947)
Il écrit ses premiers vers en 1891. Une fois licencié es lettres, il enseigne au collège d'Aubonne puis vient à Paris (1902). Son premier recueil, *Le Petit Village*, paraît en 1903, suivi deux ans après d'*Aline*, son premier roman. En 1914, il quitte Paris pour s'installer près de Lausanne. Il écrit dans les *Cahiers Vaudois* et se lie avec Stravinsky. De leur collaboration naîtront *Renard*, *Histoire du soldat*. Ramuz est l'auteur de nombreux romans *(Joie dans le ciel, La grande Peur dans la montagne, La Beauté sur la Terre, Derborence...)* mais aussi de nouvelles, d'essais, et d'un *Journal*.

PIERRE REVERDY (Narbonne, 1889 - Solesmes, 1960)
Venu à Paris en 1910, il s'installe à Montmartre, fréquente le « Bateau Lavoir » et se lie avec les peintres cubistes. Engagé volontaire en 1914, il est réformé deux ans après. En 1917, il lance la revue *Nord-Sud*. Les Surréalistes le salueront comme le plus grand poète vivant. En 1926, il se retire brusquement à Solesmes, près de l'abbaye. Il ne quittera sa retraite, consacrée à la méditation et à la poésie, que pour quelques voyages. Parmi ses principaux recueils : *Plupart du Temps* (1915-1922), *Le Livre de mon Bord*, notes, *Main-d'Œuvre* (1913-1949), *En Vrac*, *Liberté des Mers*.

JEAN ROUSSELOT (Poitiers, 1913)
Né dans une famille ouvrière, tôt orphelin, il doit interrompre ses études à quinze ans pour gagner sa vie. C'est vers dix-sept ans qu'il découvre la poésie moderne. Il publie, en 1937, son premier recueil important : *Le Goût du Pain*. Il entre cette même année dans l'administration, qu'il quittera en 1946 pour se consacrer à la littérature. Dès 1941, il appartient à l'École de Rochefort. Auteur abondant, il a publié des romans, des vies d'auteurs, de musiciens et de personnages célèbres, des essais (sur Milosz, Corbière, Reverdy, Poe, Fombeure), un *Panorama critique des nouveaux poètes français...* Mais il est avant tout le poète de *Refaire la Nuit*, *Le Sang du Ciel*, *Il n'y a pas d'exil*, *Agrégation du temps...*

CLAUDE ROY (Paris, 1915)
De son véritable nom Claude Orland. Il fit ses études au lycée d'Angoulême puis à la Sorbonne. Il combat en Lorraine en 1940. Fait prisonnier, il s'évade. De retour à Paris en 1943, il participe à la Résistance et se lie avec des écrivains résistants. En 1944-1945, il est correspondant de guerre. De 1949 à 1952, il voyage aux U.S.A., en Chine, en U.R.S.S., en Afrique du Nord. Il est membre du comité de lecture des Éditions Gallimard. Romancier, essayiste *(Descriptions critiques)*, chroniqueur *(Clefs pour l'Amérique, Clefs pour la Chine)*, il a

publié plusieurs recueils de poèmes (*Le Poète mineur*, *Un seul Poème*, *Le parfait Amour*, *Farandoles et Fariboles*, *Enfantasques* (1974), *Nouvelles Enfantasques*).

PHILIPPE SOUPAULT (Chaville, 1897)
Philippe Soupault découvre Lautréamont à l'hôpital militaire, puis ce sera la rencontre avec Apollinaire, Reverdy, Breton. Il collabore à la revue *Littérature*, et se livre avec Breton à la première expérience d'écriture automatique : *Les Champs magnétiques* (1919). Mais, dès 1923, il prend ses distances avec le mouvement surréaliste et fait de longs voyages à travers le monde. Journaliste, directeur de revues, auteur d'émissions radiophoniques, romancier, essayiste (attiré par toutes les formes de l'art), il est d'abord poète — et c'est comme tel qu'il aura eu un rôle capital dans le mouvement surréaliste à son début. Ses *Poèmes et poésies* (1917-1973) ont été réunis en 1974.

JULES SUPERVIELLE (Montevideo, 1884 - Paris, 1960)
Né de parents français, il fait ses études secondaires et sa licence es lettres à Paris. Il partage sa vie entre la France et l'Amérique du Sud où il vit pendant l'occupation allemande. Son œuvre comprend des contes, des romans, des pièces de théâtre, des recueils de poèmes : *Gravitations* (1932), *Le Forçat innocent* (1930), *Les Amis inconnus*, *La Fable du Monde* (1938), *Poèmes de la France malheureuse*, « *1939-1945* ».

BÉATRICE TANAKA (Roumanie, 1932)
Brésilienne d'adoption, Béatrice Tanaka vit en France. Elle voyage beaucoup, fait de la scénographie (costumes et masques); elle écrit, illustre, traduit, adapte des livres pour enfants, et collabore à divers journaux pour jeunes.

JEAN TARDIEU (Saint-Germain-de-Joux, Jura, 1903)
Son père était peintre, sa mère musicienne. Il fait des études de droit puis sa licence de lettres. Il travaille à la direction des Musées nationaux (1930), publie son premier recueil : *Le Fleuve caché* (1933). De 1940 à 1944, il participe à l'activité littéraire clandestine. En 1946, on lui confie la fondation et la direction du « Club d'Essai » de la R.T.F. Il y demeurera quatorze ans, aidant à la recherche d'un nouveau langage radiophonique. Il sera ensuite directeur de ce qui allait devenir France-Musique, puis conseiller auprès de la direction de la Radiodiffusion.
Essayiste, critique d'art, il est avant tout le poète de *Monsieur Monsieur* (1951), *Un mot pour un autre*, *Théâtre de Chambre*, *Le Fleuve caché* (poèmes, 1924-1960).

CHARLES VAN LERBERGUE (Gand, 1861 - Bruxelles, 1907)
Ses premiers vers sont publiés en revue en 1886. Après un séjour à Paris, il quitte Gand pour Bruxelles où il suit des cours de philosophie à l'Université. Il est, en 1894, docteur en philosophie et lettres. Il fera de nombreux voyages et séjours à Londres, Berlin, Paris, ainsi qu'en Italie. Symboliste de la seconde génération, il est l'auteur d'un drame, *Pan*, mais surtout de recueils lyriques parmi lesquels *Entrevisions* (1898) et *La Chanson d'Ève* (1904).

ÉMILE VERHAEREN (Saint-Amand, Belgique, 1855 - Rouen, 1916)
Après des études à Bruxelles, Gand, Louvain, il fréquente les milieux littéraires de Bruxelles et de Paris, partageant son temps entre le travail et les voyages. Il meurt écrasé par un train en gare de Rouen. Son œuvre poétique est abondante : *Les Flamandes* (1883), *Les Moines*, *Les Soirs*, *Les Débâcles*, *Les Villes tentaculaires* (1895), *Les Forces tumultueuses* (1902), *La Multiple Splendeur* (1906), la trilogie des *Heures*, *Les Blés mouvants* (1912)...

Boris Vian (Ville-d'Avray, 1921 - Paris, 1960)
Né dans une famille aisée, il fait des études qui le conduisent à l'École centrale. Sorti ingénieur, il choisit la littérature et la musique, domaines où il aura des activités multiples. Poète (*Cantilènes en gelée* (1950), *Je voudrais pas crever* (1959)), romancier *(L'Écume des jours, Les Fourmis, L'Arrache-Cœur...)*, auteur dramatique *(Les Bâtisseurs d'empire, Le Goûter des généraux...)*, il joue de la trompette, dirige une collection de disques, fait de la critique musicale, est acteur de cinéma. Il meurt brutalement d'une crise cardiaque.

Louise de Vilmorin (Verrières-le-Buisson, Essonne, 1902-1969)
Louise Levêque de Vilmorin était la fille d'un producteur grainetier. Par suite d'une enfance maladive, elle n'alla jamais à l'école. Elle commença à écrire en 1933. Le Grand Prix littéraire de Monaco lui fut décerné en 1955. Romancière de *Sainte-Une fois, Le Lit à colonnes, Madame de...*, elle laisse plusieurs recueils de poèmes dont *Fiançailles pour rire, Le Sable du Sablier, L'Alphabet des Aveux.*

Paul Vincensini (Bessans, Savoie, 1930)
Professeur de collège. Animateur d'un Club du Poème. Est l'auteur d'un essai sur le poète *Alain Borne*. Parmi ses derniers recueils : *D'Herbe noire, Le Point mort, Peut-être, Qu'est-ce qu'il n'y a?*

Table

ALPHABET DES COMPTINES

La lune, du pain, des prunes, folklore recueilli dans *Comptines de langue française,* Robert Laffont, p. 14.
Une lune brune, Maurice Carême, *Fleurs de Soleil,* Éditions Ouvrières, Fondation Maurice Carême, p. 14.
J'ai vu dans la lune, folklore recueilli par Claude Roy dans *Trésor de la poésie populaire française,* Robert Laffont, p. 14.
Un, deux, trois, j'entends sonner, Jean Rousselot, recueilli dans A. Bay : *Trésor des comptines,* Éditions André Balland, p. 15.
Un, deux, trois, quatre, cinq, folklore recueilli et traduit par Henri Parisot dans *73 comptines et chansons,* Nursery Rhymes, Aubier Montaigne, p. 15.
Comptine (Trois fois quatre font huit), Norge, *Mirlitons,* L'École des Loisirs, p. 15.
Comptine curieusement cacophonique, folklore recueilli et adapté par B. Tanaka, *Des quatre vents,* L'École des Loisirs, p. 16.
Belle dame de Paris, folklore, p. 17.
A Marseille, folklore, p. 17.
Une vieille bavarde, Alphonse de Lamartine, p. 17.
Do ré mi - la perdrix, anonyme, recueilli dans *60 poésies et 60 comptines,* Éditions du Centurion, p. 17.
Les petits poissons dans l'eau, folklore recueilli dans *Comptines de langue française,* Robert Laffont, p. 18.
Un petit bonhomme, folklore recueilli dans *Comptines de langue française,* Robert Laffont, p. 18.
La poule grise, folklore recueilli dans *Comptines de langue française,* Robert Laffont, p. 18.
La poule noire, Lise Deharme, cité dans Armand Got : *Pin Pon d'Or,* Colin-Bourrelier, p. 18.
Un, deux, j'ai pondu, recueilli par Claude Roy dans A. Ravizé : *Florilège des enfants,* Colin-Bourrelier, p. 18.
Une poule sur un mur, folklore, p. 19.
Une poule sur un mur, Maurice Carême, *A cloche-pied,* Éditions Ouvrières, Fondation Maurice Carême, p. 19.
J'ai acheté du pain dur, Boris Vian, *Je voudrais pas crever,* Nouvelles Éditions Pauvert, p. 19.
Il était une puce, folklore recueilli par Claude Roy, *Trésor de la poésie populaire française,* Robert Laffont, p. 20.
Bonjour lundi, folklore recueilli dans *Comptines de langue française,* Robert Laffont, p. 20.
Pour le petit enfançon, Louisa Paulin, *Poèmes,* Éditions de la Revue du Tarn, p. 21.
J'ai croisé dimanche, Claude Roy, *Enfantasques,* Gallimard, p. 22.
Bonjour, madame, folklore recueilli dans *Comptines de langue française,* Robert Laffont, p. 22.
Les fous, Topor, recueilli dans *60 poésies et 60 comptines,* Éditions du Centurion, p. 23.
On se noie, Luc Bérimont, *Comptines pour les enfants d'ici et les canards sauvages,* Éditions Saint-Germain-des-Prés, p. 23.
Il va pleuvoir, Luc Bérimont, *Comptines pour les enfants d'ici et les canards sauvages,* Éditions Saint-Germain-des-Prés, p. 23.
La chanson du rémouleur, Philippe Soupault, recueilli dans A. Ravizé : *Florilège des enfants,* Colin-Bourrelier, p. 24.
L'Ours Martin et le diable, Claude Roy, *Enfantasques,* Gallimard, p. 24.
Pour les enfants et pour les raffinés, Max Jacob, *Les œuvres burlesques et mystiques de Frère Matorel,* Gallimard, p. 25.

RONDES, CHANSONS ET DANSES

Ronde, Maurice Carême, *La Lanterne magique,* Éditions Ouvrières, Fondation Maurice Carême, p. 27.
Air de ronde, Maurice Fombeure, *A dos d'oiseau,* Gallimard, p. 28.
Ronde, Charles Van Lerberghe, *Entrevisions,* Crès et Cie, p. 28.
Ronde bretonne, folklore recueilli par Paul Sébillot, *Littérature orale de haute Bretagne,* Éditions G-P. Maisonneuve et Larose, p. 29.

'out n'est que ronde, Gabriela Mistral, *Poèmes choisis,* traduits par Mathilde Pomès, tock, p. 29.
:hanson du loup et de la bergère, Maurice Fombeure, *A dos d'oiseau,* Gallimard, p. 30.
Jne chanson, Maurice Fombeure, par Jean Rousselot, Coll. Poètes d'aujourd'hui, Seghers, . 31.
:hanson, Max Jacob, *Poèmes de Morven le Gaélique,* Gallimard, p. 31.
:hanson, Charles-Ferdinand Ramuz, *Le petit village,* Poèmes de toujours pour l'enfance et ı jeunesse, Éditions Ouvrières, p. 31.
.a Danche des Auvergnats, Paul Fort, *Ballades françaises inédites,* Flammarion, p. 32.
.e beau cordonnier, Maurice Carême, *La Grange bleue,* Éditions Ouvrières, Fondation Iaurice Carême, p. 33.
;i le roi m'avait donné, folklore, p. 33.
.a ronde, Paul Fort, *Ballades françaises. La ronde autour du monde,* Flammarion, p. 33.
)ansez, les belles filles, Victor Hugo, *Œuvres complètes,* tome IX, Le Club français du .ivre, p. 34.
.es quatre carrés, folklore recueilli par Claude Roy, *Trésor de la poésie populaire rançaise,* Robert Laffont, p. 34.

;ARÇONS ET FILLES

.a dînette, Maurice Carême, *Fleurs de Soleil,* Éditions Ouvrières, Fondation Maurice :arême, p. 35.
'ai trempé mon doigt dans la confiture, René de Obaldia, *Innocentines,* Grasset, p. 36.
:'est pas moi qui suis le Bon Dieu, René de Obaldia, *Innocentines,* Grasset, p. 37.
)e quoi sont, dites-moi, faits les petits garçons, folklore recueilli et traduit par Henri ?arisot dans *73 Comptines et chansons,* Nursery Rhymes, Aubier Montaigne, p. 37.
La Table de multiplication en vers, *Le multiplicateur I,* (Les aventures d'une famille de :hats), Gallimard, p. 38. Jean Tardieu dans *Il était une fois, deux fois, trois fois...*
Le multiplicateur quatre, (La nièce attentionnée), Jean Tardieu dans *Il était une fois, leux fois, trois fois...* Gallimard, p. 39.
Dimanche, René de Obaldia, *Innocentines,* Grasset, p. 40.
La Bouteille d'encre, Maurice Carême, *La Lanterne magique,* Éditions Ouvrières, Fondation Maurice Carême, p. 41.
L'artiste, Maurice Carême, *Entre deux Mondes,* Fernand Nathan, Fondation Maurice Carême, p. 41.

LE FOYER

Tu es belle, ma mère, Maurice Carême, *Mère,* Éditions Ouvrières, Fondation Maurice Carême, p. 42.
Une mère, André Bay, *Comptines et poésies choisies pour les enfants,* Stock, p. 43.
Quand je lève les yeux, folklore chinois recueilli par P. Lequeux dans *Poèmes de partout et de toujours,* Colin-Bourrelier, p. 43.
Pour ma mère, Maurice Carême, *Mère,* Éditions Ouvrières, Fondation Maurice Carême, p. 43.
Les fossettes, Norge, *Mirlitons,* L'École des Loisirs, p. 44.
Pour mon papa, Maurice Carême, *La Cage aux grillons,* Éditions Ouvrières, Fondation Maurice Carême, p. 44.
Pour mon père, Maurice Carême, *Volière,* Fondation Maurice Carême, p. 45.
Sous la lampe, Maurice Carême, *A Cloche-pied,* Éditions Ouvrières, Fondation Maurice Carême, p. 45.
La marmite, Maurice Fombeure, recueilli dans Armand Got, *Pin Pon d'or,* Colin-Bourrelier, p. 46.

BERCEUSES

Berceuse, Maurice Carême, *La Lanterne magique,* Éditions Ouvrières, Fondation Maurice Carême, p. 47.
Berceuse du Cantal, folklore recueilli par P. Sébillot dans *Littérature orale de l'Auvergne,* Éditions G.-P. Maisonneuve et Larose, p. 48.

Fais dodo, Berline, folklore de la Haute-Vienne cité dans G. Bouquet et P. Menanteau, *Trésor des Rondes et des Berceuses,* Sudel, p. 48.
Dodo petite, folklore recueilli par Léon Pineau dans *Le folklore du Poitou,* Fonds Ernest Leroux, Presses Universitaires de France, p. 48.
Papa l'a dit, folklore recueilli par Jérôme Bujeaud, cité dans G. Bouquet et P. Menanteau, *Trésor des Rondes et des Berceuses,* Sudel, p. 48.
Berceuse du petit loir, Simone Ratel, *Chansons des Quatre-vents,* Colin-Bourrelier, p. 49.
Berceuse, Federico Garcia Lorca, Théâtre II, *Noces de sang,* traduit par Marcelle Auclair, Gallimard, p. 50.
Qu'elle brille, Federico Garcia Lorca, *Yerma,* traduction des poèmes par Paul Lorenz, Gallimard, p. 50.
Berceuse, Gabriela Mistral, *Poèmes choisis,* traduits par Mathilde Pomès, Stock, p. 50.
Chant de nourrice, Marie Noël, *Les Chansons et les Heures,* Stock, p. 51.
L'oiseau bleu de nuit, Luc Decaunes, *Chansons pour un bichon,* Seghers, p. 51.
Le voyageur, Luc Decaunes, *Chansons pour un bichon,* Seghers, p. 51.

« COMPÈRE, VOUS MENTEZ ! »

Les menteurs, folklore, p. 52.
Les mensonges, folklore, p. 52.
Petites merveilles, Norge, *Mirlitons,* L'École des Loisirs, p. 53.
Il était, Edward Lear, *Limericks et autres poèmes ineptes,* traduction Henri Parisot, Mercure de France, p. 54.
J'ai vu un gros rat, folklore recueilli dans *Comptines de langue française,* Robert Laffont, p. 56.
J'avais une vache, Jean Tardieu, *Le Fleuve caché,* Gallimard, p. 56.

SOURIRES

Menuisier du roi, Maurice Fombeure, *A dos d'oiseau,* Gallimard, p. 57.
Ce qui est comique, Maurice Carême, *La Lanterne magique,* Éditions Ouvrières, Fondation Maurice Carême, p. 58.
Si toutes les mers, folklore recueilli et traduit par Henri Parisot dans *73 comptines et chansons,* Nursery Rhymes, Aubier Montaigne, p. 58.
Le hareng saur, Charles Cros, *Le Coffret de santal,* Stock, p. 59.
Dans la marmite ça ronronne, René de Obaldia, *Innocentines,* Grasset, p. 60.
Où allez-vous ainsi, ma gente demoiselle ?, folklore recueilli et traduit par Henri Parisot dans *73 comptines et chansons,* Nursery Rhymes, Aubier Montaigne, p. 60.
Quelqu'un, Raymond Queneau, *L'Instant fatal,* Gallimard, p. 61.
Au crépuscule, Philippe Soupault, *Poèmes et poésies,* Grasset, p. 62.
L'enfant qui est dans la lune, Claude Roy, *Enfantasques,* Gallimard, p. 62.
L'éponge, Andrée Chedid, *Fêtes et Lubies,* Éditions Guy Levis, p. 62.

BESTIAIRE

L'alligator, Robert Desnos, *Chantefables et Chantefleurs,* Gründ, p. 63.
Biche et faon, Armand Got, *Bestival,* Éditions d'Aquitaine, p. 64.
Fabliette du mauvais bœuf, Guillevic, *Fabliettes,* L'École des Loisirs, p. 64.
Entends chanter la caille, Guy de La Mothe, *Au Cabaret des oiseaux,* p. 64.
La caille, folklore recueilli par Claude Roy, *Trésor de la poésie populaire française,* Robert Laffont, p. 65.
Un chat noir et blanc, Géo Libbrecht, *Des Livres cachés,* Le Miroir des Poètes, p. 66.
Qui vient là ? Mais c'est ma chatte, folklore recueilli par N. Kolpakova, *Le Choucas et le tuba,* texte français de Fabienne Finifter, L'École des Loisirs, p. 66.
Le chat dans la pénombre, Guillevic, *Terraqué,* Gallimard, p. 67.
Qu'est-ce qu'un chat ?, Gisèle Prassinos, recueilli dans J.-H. Malineau : *Il était une fois la poésie,* L'École des Loisirs, p. 67.
La chauve-souris, Robert Desnos, *Chantefables et Chantefleurs,* Gründ, p. 67.

Complainte du petit cheval blanc, Paul Fort, *Ballades françaises,* Flammarion, p. 68.
Le cheval dit, Louise de Vilmorin, *L'Alphabet des aveux,* Gallimard, p. 69.
Le chant du coucou, Paul Claudel, *Poésies diverses,* Gallimard, p. 69.
Voyez comme le crocodile, Lewis Carroll, *Alice racontée aux petits enfants et Poésies pour Alice,* texte français de Henri Parisot, Éditions du Terrain vague, p. 70.
Le dromadaire, Guillaume Apollinaire, *Bestiaire,* Gallimard, p. 70.
Le dromadaire, Armand Got, *Bestival,* Éditions d'Aquitaine, p. 70.
Chanson des escargots qui vont à l'enterrement, Jacques Prévert, *Paroles,* Gallimard, p. 71.
Les escargots, la larme aux yeux, Boris Vian, *Textes et chansons,* Nouvelles Éditions Pauvert, p. 71.
Quand je serai mort dans la terre, Gisèle Prassinos, *Comptines pour fillottes et garcelons,* L'École des Loisirs, p. 71.
La fourmi, Robert Desnos, *Chantefables et Chantefleurs,* Gründ, p. 72.
La girafe, Robert Desnos, *Chantefables et Chantefleurs,* Gründ, p. 72.
Les grillons, Claude Roy, *Bestiaire pour mon petit garçon,* traduit d'une chanson enfantine de Shangaï parue dans *La Chine dans un miroir,* Éditions Clairefontaine, p. 73.
Le petit grillon, Paul Vincensini, *L'enfant la Poésie,* Éditions Saint-Germain-des-Prés, p. 74.
Le hérisson, Maurice Carême, *Pomme de Reinette,* Éditions Ouvrières, Fondation Maurice Carême, p. 75.
Le hérisson, Chu Chen Pai, recueilli dans *La Poésie chinoise,* Robert Laffont, p. 75.
Le héron, Lo Ying, *Poésie chinoise,* Robert Laffont, p. 75.
Les hiboux, Robert Desnos, *Chantefables et Chantefleurs,* Gründ, p. 76.
Le hibou et l'hirondelle, Claude Roy, *Enfantasques,* Gallimard, p. 77.
Le petit hibou, Pierre Menanteau, *Ce que m'a dit l'alouette,* Nouvelles Presses Françaises, p. 77.
Une hulotte vieillotte, folklore recueilli par N. Kopakova, *Le Choucas et le tuba,* texte français de F. Finifter, L'École des Loisirs, p. 77.
Le hibou, folklore recueilli et adapté par B. Tanaka : *Des Quatre vents,* L'École des Loisirs, p. 77.
Le kangourou, Andrée Clair, *Kangourourimes,* L'École des Loisirs, p. 78.
Le facteur, Louis Guillaume, *Au jardin de la Licorne,* Delachaux et Niestlé, p. 78.
Le léopard, Robert Desnos, *Chantefables et Chantefleurs,* Gründ, p. 79.
Le lézard, Maurice Carême, *Pigeon vole,* Colin-Bourrelier, Fondation Maurice Carême, p. 80.
Le lézard, Robert Desnos, *Chantefables et Chantefleurs,* Gründ, p. 80.
Le lézard, Frédéric Kiesel, *La Nouvelle Guirlande de Julie,* Éditions Ouvrières, p. 80.
La luciole, Kuo Chen, recueilli dans *La Poésie chinoise,* Robert Laffont, p. 81.
Les oiseaux perdus, Maurice Carême, *La Lanterne magique,* Éditions Ouvrières, Fondation Maurice Carême, p. 81.
Cris d'oiseaux, Maurice Carême, *Volière,* Fondation Maurice Carême, p. 82.
L'Ours, Robert Desnos, *Chantefables et Chantefleurs,* Gründ, p. 82.
Le paon, Frédéric Kiesel, *La Nouvelle Guirlande de Julie,* Éditions Ouvrières, p. 83.
Le paon, Apollinaire, *Bestiaire,* Gallimard, p. 83.
Le papillon, Frédéric Kiesel, *La Nouvelle Guirlande de Julie,* Éditions Ouvrières, p. 83.
Le pélican, Robert Desnos, *Chantefables et Chantefleurs,* Gründ, p. 84.
Porc, Paul Éluard, *Les animaux et leurs hommes, les hommes et leurs animaux,* Gallimard, p. 84.
Vision fugitive, Luc Decaunes, *Chansons pour un bichon,* Seghers, p. 85.
Le rouge-gorge et les moineaux, Maurice Carême, *La Grange bleue,* Éditions Ouvrières, Fondation Maurice Carême, p. 85.
La sauterelle, Robert Desnos, *Chantefables et Chantefleurs,* Gründ, p. 85.
Le tamanoir, Robert Desnos, *Chantefables et Chantefleurs,* Gründ, p. 86.
Le petit lapon, Maurice Carême, *Fleurs de Soleil,* Éditions Ouvrières, Fondation Maurice Carême, p. 86.
Le ver luisant, Robert Desnos, *Chantefables et Chantefleurs,* Gründ, p. 87.
Où sont passés les habitants, René de Obaldia, *Innocentines,* Grasset, p. 87.
Le zèbre, Robert Desnos, *Chantefables et Chantefleurs,* Gründ, p. 87.
Le zèbre, Armand Got, *Bestival,* Éditions d'Aquitaine, p. 88.
Les amis d'enfance, René-Guy Cadou, *Œuvre poétique,* Robert Laffont, p. 88.

LES SAISONS ET LES JOURS

L'EAU, C'EST TOUT DIFFÉRENT

Imprimé en France par BRODARD GRAPHIQUE - Coulommiers-Paris HA/7196/2.
Dépôt légal n° 8437-5-1984 - Collection n° 31 - Édition n° 03.

11/4687/7